JN086829

世界に誇れる日本の介護

一般社団法人 全国介護事業者連盟 理事長
斉藤正行
MASAYUKI SAITOU

はじめに

周知のように、戦後の我が国は高度経済成長を通じて経済大国となりました。

高度経済成長の大きなきっかけは１９６０年11月に当時の池田政権が閣議決定した「所得倍増計画」です。これに合わせて池田政権は年率９％成長を公約し、道路５カ年計画、港湾整備、工業用地開発、住宅建設、東海道新幹線建設など数多くの公共投資を行うとともに、経済成長を通じた完全雇用の達成や大幅減税の実施も打ち出したのでした。この政府の姿勢は民間企業も強く刺激し、鉄鋼、石油化学、機械、電機などの各分野で設備投資の動きが非常に活発になっていったのです。

所得倍増計画の期間は１９６１年から１９７０年までの10年間ですが、その間の年平均実質経済成長率は10・５％を記録しました。池田政権が公約した９％をも上回る、まさに夢のような経済成長だったのです。

この経済成長を土台で支えたのが、人口がどんどん増えていくという人口ボーナスでした。我が国の人口は所得倍増計画がスタートする前年の１９６０年には９４３０万人でしたが、１９７０年には１億６６７万人にまで増えています。10年間で実に１２３７万人も人口が増加したのです。

要するに、我が国は人口ボーナスの時代に対応した政策や制度を盛り込んだ所得倍増計画によって高度経済成長を実現し、繁栄を享受することができたのです。


ところが、現時点で我が国は世界一の高齢大国となっています。我が国の人口のピークは2008年の1億2708万人でした。そこから減少に転じて2020年は1億2581万人だったのですが、以後、2030年に1億1912万人、2040年に1億1092万人、2050年に1億192万人、2053年には1億人を割って9924万人になると推計されています。

我が国は人口がどんどん減っていくという人口オーナスの時代を迎えているのです。しかも人口が減るだけではなく、向こう20～30年は少子高齢化が加速し、生産年齢人口が減少するとともに高齢化率は高まっていきます。

したがって、人口ボーナスの時代を支えた政策や制度も限界に差しかかっている、あるいは通用しなくなっていると考えなければなりません。このまま何もしなければ、人口減少のなかで高齢大国の負の側面だけが増幅されていき、我が国は経済大国の地位から滑り落ちてしまうでしょう。これまで積み重ねてきた国際的な立場を危うくする恐れもあって、我が国の将来に強い危機感を持たざるをえないのです。

私は２００３年に介護業界に飛び込み、これまで20年近くにわたって介護業界で働いてきました。介護を通じて我が国の社会保障の領域に深く携わって活動してきたからこそ、我が国の将来に対する危機感もなおさら強いと言えます。


では、どうすれば良いのか。

やはり人口ボーナスの時代に形成された諸政策と諸制度を人口オーナスの時代に対応できるように抜本的に変えていくことが非常に重要です。これは、戦後の社会構造の大転換を図ることだと言っても過言ではありません。

本書には、人口オーナスの時代に対応する抜本的な方策を記しました。これまでの20年近い私自身の活動の集大成ともなっています。

目下、世界はコロナ禍に見舞われていますが、コロナ禍は我が国のＩＴ化の遅れをも浮き彫りにしました。同時にその裏返しとして、テレワークやオンラインなどＩＴ化を積極的に進めることも含めて社会構造の大転換を我が国に迫っているともとらえられるのです。

介護業界でもＩＴを取り入れていくことが大きな課題になってきています。

コロナ禍は大変な事態をもたらしているわけですが、コロナ禍を逆手に取ることによって改革も進めていかなければなりません。その思いも本書に込めました。
本書を通じて改革への取り組みを共有していただければ幸いです。

２０２１年４月

斉藤正行

※本書での人口推計は、他の資料を提示している場合を除き、国立社会保障・人口問題研究所が２０１５年の国勢調査に基づいて行った中位推計を用いています。この中位推計は２０１７年４月に発表されました。

目　次

世界に誇れる日本の介護

第1章 介護業界は新型コロナにどう対峙したか？

第2章 介護の奥深さと、介護業界の大きな可能性

第3章 なぜ介護保険が必要なのか？

目　次

世界に誇れる日本の介護

第4章 現状の介護業界の課題と可能性

第5章 持続可能な介護保険制度の確立

第1章

介護業界は
新型コロナに
どう対峙したか？

1 いち早く共有した危機感が介護崩壊を防いだ

高齢者にとっての脅威は介護業界にとっても脅威

２０２０年における我が国の最大のイベントは東京オリンピック・パラリンピックの開催のはずでした。ところが、新型コロナウイルスの出現によって1年の延期に追い込まれました。当然ながら、我が国の介護業界も新型コロナへの対応に追われたのです。

新型コロナウイルスは２０１９年12月に中国の湖北省武漢市で発生し、そこから世界に広がっていったとされています。２０２０年1月9日に新型コロナの死者（61歳の男性）が世界で初めて出たのもやはり武漢市でした。

我が国でも同年1月16日の厚生労働省の発表によれば、武漢市から1月６日に帰国した神奈川県の30代男性が国内初の新型コロナ感染者となりました。

それから2カ月も経たない3月11日、ＷＨＯ（世界保健機関）は新型コロナについて「パンデミック（世界的な大流行）とみなせる」と表明しました。ＷＨＯによるパンデミックの認定は２００９年に流行した新型インフルエンザ以来のことです。

第1章
介護業界は新型コロナにどう対峙したか？

パンデミックのなかで当時の安倍政権は2020年4月7日に最初の緊急事態宣言を出しました。このときの対象地域は東京、神奈川、埼玉、千葉、大阪、兵庫、福岡の7都府県で、さらに4月16日に対象地域は全国へと拡大されたのでした。

最初の緊急事態宣言は新型コロナ感染者の減少によって5月21日に解除されたのですが、残念ながら新型コロナは収束することなく、6月末から9月半ばまで感染者数の増加による第2波が、さらに11月初めから2021年3月まで同じく第3波が押し寄せてきました。

そのため2021年1月8日には東京、神奈川、埼玉、千葉の4都県に2度目の緊急事態宣言が発令されました。これは2月7日までの予定だったものの、感染者の減少数が少ないことからさらに3月7日まで延長されて、対象地域も東京、神奈川、埼玉、千葉、岐阜、愛知、京都、大阪、兵庫、福岡の10都府県へと広がりました。その後、緊急事態宣言はさらに2週間延長されました。

しかしながら、2度目の緊急事態宣言が解除された後も、新型コロナは収束する気配を見せていません。

新型コロナは私たちの生活に対する大きな脅威になったのですが、2020年1、2月の時点では、日本国民のほとんどは新型コロナが深刻な事態を引き起こすとは想像もしていなかったし、感染者数が少なかったこともあって新型コロナはインフルエンザ程度の感染症だという見方をする人も少なくありませんでした。

ただし同時に新型コロナについては当初から、高齢者および基礎疾患のある人ほど重症化しやすく死亡リスクも高まると言われていました。新型コロナがどこまで拡大するかは読みきれなくても、少なくとも高齢者や基礎疾患のある人にとって新型コロナは最大級の脅威だということはわかっていたのです。

高齢者にとって最大級の脅威だとすると、日常的に高齢者に接している介護業界の関係者の誰もが介護業界として直ちに新型コロナ対策に取り組まなければならないと考えたのでした。別言すれば、新型コロナが高齢者にとって脅威ならば介護業界にとっても脅威なのです。

「介護崩壊を起こさないことが医療崩壊を防ぐ」ことに

2020年4月に最初の緊急事態宣言が出されて以降6月頃までは世の中は新型コロナ一色になりました。しかし介護業界のなかでは2月にはすでに、前述の理由から新型コロナ対策にいち早く取り組んでいくことになりました。

当時、介事連（全国介護事業者連盟）の専務理事だった私も（現在は理事長）、当面は介事連の活動をすべてストップして新型コロナ対策に全力を挙げようと、さっそく2月から行動を起こしました。

介事連とは、「介護の産業化」と「生産性の向上」を持続可能な介護保険制度を支える2大テーマに掲げて、法人・サービス種別の垣根を超えた介護事業者により２０１８年６月に設立された一般社団法人です。

新型コロナに最初から脅威を感じていたのは介護業界関係者だけではなく、当然ながら医療関係者も新型コロナの脅威に対して「何よりも医療崩壊を起こさないようにすべき」と警鐘を鳴らしていました。それと同様に私も医療崩壊を防ぐことの重要性を訴えました。

けれども私の訴えには一つの非常に重要な大前提があります。医療崩壊を防ぐには先に介護崩壊を起こさないことが絶対に不可欠だということです。そこで私は、「医療崩壊を防ぐためにも介護崩壊を起こさないようにしよう」と強く主張しました。

ご存じのように、欧米の国々では新型コロナの蔓延によって我が国よりもはるかに多くの死者が出ました。そうなったいちばん大きな理由は、実は介護施設で介護崩壊が起きたからに他なりません。つまり、介護崩壊により介護施設でたくさんの高齢者が亡くなったため、それが結果的に医療崩壊を誘発し、全体としても新型コロナの死者が急増することになってしまったのです。

逆に言うと、介護崩壊が起きなければ医療崩壊も生じなかったはずだということになります。確かに我が国では医療を守らなくてはならないという意識はものすごく強く、新型コロナ対策のために医療を最優先するというのは早期に国民の間でも共通認識となったと思います。

それに対して、医療と比べると「介護を守ろう」という意識は我が国ではそれほど高くはありません。だから私の「医療崩壊を防ぐためにも介護崩壊を起こさないようにしよう」という言い方は、医療を最優先にするとしても、次には介護を優先すべきであるという気持ちの表明でもありました。介護業界はそうした「医療崩壊を防ぐためにも介護崩壊を起こさないようにする」という方針の下にこれまで新型コロナ対策に取り組んできたのです。

医療と同じく介護も新型コロナの感染リスクを抱えながら自粛したくても自粛が許されない業界ですから、介護従事者も感染リスクと隣り合わせのなかで常に神経をすり減らしながら、懸命に働いてきました。

新型コロナの第2波が収束した2020年10月時点では、我が国の新型コロナの感染者数も死者数も欧米の国々に比べて50分の1〜100分の1に留まっています。なぜ我が国の新型コロナの被害が欧米の国々に比べて小さかったのかについてはまだ解明されていませんが、一つ言えることは、介護崩壊を防いだからこそ医療崩壊を招かずに被害の状況が欧米の国々のようには大きくならなかったということでしょう。

ただし、介護崩壊を防いだために医療が守られたということは日本国民全体にきちんと伝わっていないと私は感じています。これは、介護業界の取り組みが世の中の人たちによく認識されていないことの表れであって、その点を世の中に対してどうアピールしていくかということが介護業界の大きな課題の一つだと考えています。

「緊急調査」で得られたデータに基づいて政府へ要望

当初、一般の人たちには介護業界も新型コロナで経営的ダメージを受けているということが伝わっていませんでした。これも世の中に対する介護業界のアピール力不足が一因でしょうが、実は一般の人たちだけではなく厚生労働省をはじめとする政府機関にも介護業界の経営的ダメージについての認識はそれほど強くはなかったのです。

そこで介事連は、2020年3月から5月にかけて全国の介護事業者に対し「マスク等衛生用品の不足」と「経営状況への影響」についての「緊急調査」を行いました。

まずマスクについては、2020年3月時点では、医療機関で不足しているから医療機関いをされていました。しかし医師や看護師が患者と接するように、介護従事者も要介護者と接しているわけですから、介護でのマスクの重要性も医療の場合とまったく変わりません。新型コロナへの感染を防ぐためには必要量のマスクの確保が不可欠となります。

この調査の結果、全国の介護事業者の大部分が必要量の半分以下しかマスクを確保できていないことがわかりました。そこで、マスクをはじめとする衛生用品については、介事連が個人や団体から受けた寄贈品を全国の介護事業者に分配するといった活動を3月から開始しました。

経営状況については1次と2次の2回「緊急調査」を実施しました。この調査では1次でも2次でも93％以上の介護事業者が新型コロナの「影響を受けている」、あるいは「影響を受ける可能性がある」と回答しました。そのため、全国の介護事業者のほとんどが「現実に減収となった」、「減収の可能性がある」という形で経営に打撃を受けていたのです。

介事連は、「緊急調査」で得られたデータやエビデンス（証拠）に基づき、自由民主党の政務調査会、政府の厚生労働省、内閣官房に対して介護業界および介護従事者へのサポート体制をしっかり整えてもらいたという意見提言を行いました。

このように比較的初期段階から動いたことによって、介事連は新型コロナ対策を介護業界でも先頭を切った活動ができたと考えています。新型コロナへの強い危機意識を背景に医療だけでなく介護も最重要視すべきだと訴え続けてきた結果として、自民党や政府ともかなり密接にいろいろな連携をすることができたのです。

介護支援のために4000億円超の大型予算が組まれた

政府が2020年6月に決定した第2次補正予算では、新型コロナの緊急包括支援交付金ということで4132億円の予算が付きました。その概要は以下の通りです。

感染症対策の徹底支援

介護事業者に対しては、感染症対策を徹底したうえでの介護サービス提供を支援（感染症対策に要する物品購入、外部専門家などによる研修実施、感染発生時対応・衛生用品保管に柔軟に使える多機能型簡易居室の設置などの感染症対策実施のための「かかり増し費用」）。

都道府県に対しては、今後に備えた都道府県における消毒液・一般用マスクの備蓄や緊急時の応援に係るコーディネイト機能の確保等に必要な費用を支援。

介護施設・事業所に勤務する職員に対する慰労金の支給

新型コロナ感染が発生した施設または濃厚接触者に対応した施設・事業所に勤務し利用者と接する職員に対して慰労金（20万円）を支給。それら以外の施設・事業所に勤務し利用者と接する職員に対して慰労金（5万円）を支給。

サービス再開に向けた支援

ケアマネージャーや介護サービス事業所によるサービス利用休止中の利用者への利用再開支援（アセスメント、ニーズ調査、調整など）を実施。

4000億円を超えるというのは介護業界にとっては従来にはない大きな予算です。ここでは特に介護事業者の経費に対する助成と介護の現場で働いている職員への慰労金が柱となっています。

政府も最初は介護をそれほど重視していなかったものの、介事連の要望によってすぐに動いてくれたという面はあるでしょう。この点は介護業界全体としても介事連の働きを認めてくれているはずです。

もちろん理想を言えば、介護業界への助成は6月の第2次補正予算ではなく、もっと早い時期に実施してもらえばさらに良かったとは思います。「緊急調査」を行っていた4月、5

月にも多くの介護事業者が経営的な打撃を被りました。事業所を閉めたところも出てきたので、政府の助成は早ければ早いほど打撃も小さくなったはずなのは間違いありません。しかし6月の段階で助成が実現したのは政府としても最大限の努力を行った成果だという見方もできます。

その他、政府は新型コロナ対策で中小零細の事業者に対して金融機関から無利息無担保などさまざまな緊急の融資を行うという制度も設けました。このとき、政府は融資の対象となる業種を増やしていったのですが、何と最初の50業種くらいまでに介護は入っていなかったのです。それはおかしいということで介事連としても対象に入れてほしいと政府に要望したところ、1週間後には対象の業種に介護が追加されたのです。

もっとも、制度を利用した介護事業者に金融機関から実際に融資が行われるまでにはずいぶん時間がかかってしまいました。これは介護事業者に限ったことではないので、我が国の行政手続きが内包する全体的な問題点だと思います。

ともあれ、新型コロナが出現して以来、介事連としては新型コロナ対策に多くのアクションを起こし、介護現場や介護従事者を守るために政府への要望もどんどん行って成果を上げてきました。こうした取り組みを新型コロナが収束するまで続けていくのは言うまでもありません。

2 新型コロナを契機に介護業界の様相も変わった

介護業界ならではの「新しい生活様式」の普及へ

新型コロナにより社会全体が大きく変化しました。今はウィズ・コロナへと向かっていますが、その一つの方策が「新しい生活様式」でしょう。

新しい生活様式とは、新型コロナウイルスの感染拡大を防ぐために各個人が「相手との身体的距離の確保」「マスクの着用」「手洗いや咳エチケット」「三密（密集・密接・密閉）を避ける」などの行為を実践することです。

また、新型コロナによって介護業界の様相も変わりました。介護業界でも新しい生活様式を徹底して取り入れていくことが感染拡大防止に欠かせません。

ところが、介護サービスは新しい生活様式を取り入れたくてもなかなかそれができないという特性を持っています。なぜなら、「相手との身体的距離の確保」や「三密を避ける」などの実践が不可能な場合、あるいは非常に難しい場合があるからです。

例えば、食事、入浴、排泄を1人ではできない高齢者に対しては、介護従事者が食事介助、入浴介助、排泄介助を行わなくてはなりません。これらの介助行為は密着しないと絶対にできないことです。逆に言うと、密着して介助しなければ、要介護の高齢者は生活ができなくなってしまいます。

とはいえ、世の中が新しい生活様式を取り入れていく方向で進んでいる以上、介護サービスでも可能な限りそれを取り入れる努力をしなければなりません。

「三密を避ける」を100％実践することはできないまでも、そのうちの10％、20％、30％くらいはオペレーションのやり方や運営を工夫していくことで実践できるはずです。

デイサービスの例で考えてみましょう。

デイサービスは通所介護ともいい、自宅にこもりきりの利用者の孤立感の解消、心身機能の維持、家族の介護の負担軽減などを目的として、利用者が可能な限り自宅で自立した日常生活を送ることができるようにサポートするものです。

デイサービスの利用者はデイサービスの施設に通って、そこで食事、入浴などの日常生活上の支援、生活機能向上のための機能訓練、口腔機能向上サービスなどを日帰りで受けることができますし、生活機能向上グループ活動などの高齢者同士の交流も行えます。

デイサービスの施設では利用者の自宅との送迎も行っていて、施設には利用者がたくさん集まってくるわけです。何もしないと三密は避けられないのですが、提供するサービス内容のメニューを工夫していくことで三密を緩和することはできます。

そういう点で介護業界ならではの新しい生活様式に基づいた運営のあり方をしっかりとつくり上げていき、同時に介護業界全体に波及させていくこともやっていかなければなりません。

要は、介護業界ならではの新しい生活様式に対応する方法を確立・普及させていく取り組みをしていくことが大事なのです。また、それは十分に可能だと思います。

介護業界の感染症対策の経験が新型コロナにも生かされた

新型コロナを契機に、現状の我が国の介護のマイナス面とプラス面があらためて浮き彫りになりました。

まずマイナス面については、新型コロナの感染対策を当たり前にやろうとしても、マスクをはじめとする衛生用品が不足していたら満足のいく対策がとれません。新型コロナが出現したとき、介護業界でもマスクをはじめとする衛生用品の不足という事態が生じてしまいました。そのことに対しては介護業界としても油断していたところが確かにありました。

第1章
介護業界は新型コロナにどう対峙したか？

新型コロナのような感染症がいきなり広がってしまう時代が来るとは誰も想像もしていなかったことです。しかし今回の感染拡大を教訓にして、これからは衛生用品の不足という事態が生じないように対応していかなければなりません。これは日常から心掛けていれば必ずできることだと思います。

また、「介護業界が一枚岩にはなっていなかった」という以前からの課題もあらためて浮き彫りになりました。そのため、介護業界の発言力や発信力が弱いという問題が露わになりました。

介護業界としても一枚岩になっていないという弱点がはっきりしたのですから、新型コロナを契機に一枚岩になるための求心力ができてきたとも言えます。それをきっかけに介護業界が一枚岩になる努力を積み重ねていかなければなりません。

これは介護業界だけの問題ではないのですが、新型コロナが未知なるウイルスだったので、人々の間に漠とした不安あるいは恐怖感などが芽生えました。それが新型コロナの感染者に対してだけでなく、医療従事者や介護従事者に対する偏見や差別につながってしまった面も残念ながら否定できません。この問題の解消には、医療業界や介護業界だけの力では無理なので、日本全体として取り組む必要があります。

プラス面では、やはり日本の介護サービスの良さが証明されたということでしょう。それは我が国の介護サービスのレベルが高いからであり、レベルの高さは端的には介護業界が新型コロナの問題が生じる以前から感染症の防止に力を入れてきたことに他なりません。

介護業界では感染症防止がずっと以前から言われ続けてきましたし、もちろん掛け声だけではなく具体的な感染症防止の対策も行われてきました。毎年、我が国では年末年始にはインフルエンザが猛威を振るってきました。また、感染性胃腸炎や食中毒を引き起こすノロウイルスも1年中発生しており、特に冬期に流行します。

だから、どの介護事業者も秋口から春先にかけて徹底してインフルエンザやノロウイルス対策に取り組んできたのです。MERS（中東呼吸器症候群）やSARS（重症急性呼吸器症候群）などにも同様にきちんと対処してきました。

今回の新型コロナ対策も基本的にはインフルエンザ、ノロウイルス、MERS、SARSの対策と同じだったのです。その対策が徹底的に行われるという点も変わりません。我が国の介護業界では感染症対策をやり続けてきたので、新型コロナの場合もその効果が発揮されて、介護崩壊につながるようなこともなかったのです。これも一般の人たちには知られていないのですが、介護業界の積み重ねてきた感染症対策が新型コロナにも生きたという点は力説したいと思います。

インフルエンザの場合、例年よりも2020年の患者は全体的にかなり減ったのですが、特に介護業界では圧倒的に少なくなりました。介護業界で新型コロナ対策として感染症対策を例年よりも徹底して行ったことがインフルエンザ患者の急減につながったのです。ただしそれでも介護業界の新型コロナ患者は増えてしまいました。インフルエンザ患者がどんどん減っているのに比べて新型コロナ患者が増えたのは、それだけ新型コロナの感染力が強いということでもあります。

いずれにせよ、介護業界では以前から感染症対策を徹底してきたので、新型コロナ対策でも同様に実践していくだけだと認識して行動しているのです。それが介護業界での新型コロナ感染拡大の強い歯止めになっているのだと思います。

高齢者と社会とのつながりを維持しながら健康二次被害防止を

2020年3月に「健康二次被害防止コンソーシアム」が設立され、私も介事連理事長として設立発起人の1人に名を連ねました。これは医師・学者などの有識者、市町村、民間企業の有志によって組織されたもので、感染防止とともにコロナ禍で急増する健康二次被害を防ぐためにさまざまな活動を行います。

コロナ禍での自粛生活で運動量や人との関わりが大幅に減っているわけですが、そうなると起こりがちなのが健康二次被害です。若い人でも自粛生活が増えた場合、鬱や精神疾患になったりすることがあります。最悪のケースだと自殺にまで至ってしまうのです。健康二次被害は大きな社会問題としてとらえなければなりません。

介護でも、例えばコロナ禍の影響で高齢者がデイサービスなどの利用を控えたために自宅に閉じこもることになった結果、身体機能や認知機能の低下という健康二次被害が出てきています。

健康二次被害のために多くの高齢者の体調が悪化したら、コロナ禍が収束した後のアフター・コロナでは介護や医療の給付費も増えてしまうことになるでしょう。健康二次被害防止は、高齢者の健康維持はもとより国家財政のためにも欠かせないのです。

介事連も高齢者にフォーカスした形で健康二次被害防止に取り組んでいきます。感染拡大防止対策の徹底と同時並行して目下強化しているのが、自宅や施設で身体機能や認知機能を維持・向上させていくための各種トレーニングをしっかりやる、という働きかけです。

しかも、そのキャッチフレーズに「ソーシャル・ディスタンスからフィジカル・ディスタンスへ」を掲げています。

「ソーシャル・ディスタンス」という言葉はもう誰でも知っていますが、直訳すると「社会との距離を取る」という意味です。これではまるで、閉じこもりを推奨しているようにも受け取れます。

もちろん感染拡大防止のためには物理的な距離はきちんと取るべきですが、「社会との距離を取る」必要はないはずです。逆に、感染対策をしたうえで、社会としっかりとつながっていくことが大切です。

介事連としても健康二次被害防止での取り組みでは、高齢者と社会とのしっかりしたつながりの維持にも全力を注いでいきたいと考えています。

第2章

介護の奥深さと、
介護業界の大きな可能性

①経営コンサルから介護施設の責任者へ

ベンチャー支援のコンサルタント会社に就職

私には生涯をかけてやっていきたいことが二つありました。

一つは、ダイナミックでやり甲斐のある大きな仕事をしていきたい。もう一つは、世の中のため、地域のため、人のためになど、誰かのためになる仕事をしていきたい、ということです。

この考え方に基づいて、大学の経営学部を卒業した後、2000年4月にベンチャー企業の経営者にビジネス提案をするコンサルタント会社に入社しました。

事業規模の小さなベンチャー企業に対して経営支援をしていくのが仕事の中心でしたが、この仕事は個人的には非常にダイナミックな仕事であり、かつ社会的にもベンチャー企業を育てていくことは日本経済の活性化にもつながっていくと考えました。だから、迷いなくコンサル業界に入ったのです。

それと同時に、何事も「石の上にも三年」と言われています。とにかく3年間はこのコンサルタント会社にしっかりと勤めようと決心しました。

とはいえ、中小企業の経営者に対してビジネス上のさまざまな提案をしていくという仕事ですので、大学を卒業したばかりの若造に経営コンサルの仕事が満足にできるはずもありません。入社後は、経営の知識を吸収することはもちろん、相当に根を詰めて経営コンサルの勉強をしなければならない状況に追い込まれていきました。

朝から晩まで仕事をして、仕事が終わった後は深夜まで勉強をしました。休日もほとんど勉強会やセミナーに出席して勉強に時間を費やしたため、1カ月に3日も休みがあれば良いほうでした。

一生懸命に勉強しながら必死に仕事をした、というと聞こえは良いかもしれませんが、今の時代で言うところの〝超ブラック〟な働き方をしていたことは間違いありません。

ただ、超ブラックであったとしても、仕事と勉強に全力を尽くしたという点では非常に中身の濃い毎日だったのも確かで、そのような生活を通じて自分なりにかなり鍛えられたという気はします。

「実務」を体験するために介護サービス会社へ転職

「石の上にも三年」が過ぎたとき、自分のキャリアについて次のステップを深く思案しました。そこで気がついたのは、これまで自分は経営コンサルの仕事しかしてこなかったため、肝心の「経営の実務」に携わった経験がない、ということでした。

大学を卒業していきなり経営コンサルの立場になってしまったため、次のステップとして、自分で経営の実務に携わり、マネジメント業務の経験値をしっかりと積んでいくことが必要だと考えたのです。しかも、コンサルタント会社ではなく一般の事業会社に転職したほうが良いと判断しました。一般の事業会社といっても、転職するならやはりベンチャー企業が良いと考えました。

また、近い将来、株式を上場できるベンチャー企業を選ぶに越したことはありません。上場間近のベンチャー企業なら勢いもあります。そうした企業のなかで、できれば経営陣に近い立場で地に足を着けて仕事をしていきたい。前述したように、ダイナミックでやり甲斐のある大きな仕事をしていきたい。誰かのためになる仕事をしていきたいという大前提は欠かせません。

そうして仕事を探していたところ、縁あって2003年4月に知ったのが介護事業を展開するメディカル・ケア・サービスという会社です。当時、この会社はグループホームと呼ばれる認知症の高齢者専門の老人ホームを本社がある埼玉県の2カ所で事業として運営していました。さらに、グループホームを全国展開していくという経営方針の下、2003年中に全国で30カ所ほどのグループホームを開設するという事業計画を進めていました。

しかも、当時この会社の規模はまだ小さかったため、入社すれば最初からマネジメントに関われるという話でした。それに介護の事業ですから、世の中のため、地域のため、人のためになる仕事でもあります。

まさに私が転職先として思い描いていた会社でしたので、非常に魅力的に感じて、2003年5月に入社することになりました。この会社を皮切りに私は介護の世界に飛び込んだのでした。

ちなみに介護保険制度はこの3年前の2000年4月に施行されました。しかし、3年程度では介護保険が本当に我が国に定着するかどうかはわかりません。そうしたタイミングで私は介護業界に入ったのです。

介護施設の職員たちを前に私が犯した大失敗

私が入社した当時、メディカル・ケア・サービスはグループホームの全国展開を計画していたとはいえ、売上高2億円ほどの小さな規模の会社でした。6月にやはり埼玉県に3カ所目のグループホームをオープンした後、4カ所目を8月に新潟市でオープンすることになっていました。私はいきなりそこの責任者になるべく、5月の1カ月間だけ介護研修を受けた後、6月に新潟市に赴任しました。

資金に余裕のある会社ではなかったため、住まいのためにホテルや民間の賃貸マンションの費用を会社から出してもらったわけではありません。すでに完成していたグループホームの建物の一室に住み込むことになりました。

最初に取りかかったのはグループホームの職員の採用面接です。7月上旬には雇用する全職員（はっきりした数は覚えていませんが、30～35人）が決まりました。そして、今でも日付まで覚えているのですが、7月15日に全職員を会議室に集めて、新潟のグループホーム運営のビジョンを私が話すことになりました。

経営コンサルの仕事をしていたからなおさらなのですが、この会社に入社して驚いたのは民間企業なのに経営に関連した数値目標がほとんどなかったことです。それはこの会社に限ったことではなく、当時の介護業界では一般的なことでした。

けれども私は、民間企業なら売上高・コスト・利益などの年間の収支計画、さらにビジネス用語でいうマイルストーン（「大きな節目」「経過点」「中間目標点」など）の計画を立て、ＫＰＩ（重要業績評価指標）とかＫＧＩ（重要目標達成指標）などを設定するのも当然だと思っていました。

ちなみに、ＫＰＩは中間目標、ＫＧＩは最終目標であり、言い換えれば、ＫＰＩが目標を達成するためのプロセスなら、ＫＧＩはゴールに当たります。

ところが、当時の介護業界ではこうした経営に関する数値計画を持っているところはほとんどなかったのです。だからこそというべきか、にもかかわらずというべきか、私は経営コンサルの経験を踏まえ、グループホームの全職員を前にして、運営のビジョンということで売上目標の数字から話を切り出したのでした。

そのときの職員たちの表情は今でも忘れられません。みんな、「この人は何を言ってるんだ」といったようなポカーンとした表情をしたのです。あんぐりと口を開けたと言っても過言ではないでしょう。

「これはまずい！」と思い、とっさに私は別の話に切り換えました。

介護の仕事に携わりたいと入職した職員であれば、いくら民間企業とはいえ、売上目標や利益目標よりも、介護の仕事のやり甲斐、奉仕の精神のほうを重視しています。それなのに、介護施設の責任者がいきなり売上目標を切り出したのでは戸惑うのも無理はありません。職員たちはみな、「私たちは売上げや数字の目標、お金のために介護の仕事をしたいのではない！」という思いだったでしょう。

私の話の切り出し方は最悪でした。運営のビジョンの話をするならば、これからどんな施設にしていくべきかを語る場面でしたが、売上数値の話から入ってしまったのです。あのときの会議室の空気感を思い出すと、今でもゾッとします。

話を切り換えてからは、私も一応、運営ビジョンを語ったのですが、内容としては非常に薄っぺらなものでした。なにしろ介護業界に入ってまだ2カ月。介護のことがろくにわかっていなかったのですから、それも当然でしょう。

現在は業界の規模も大きくなり、介護業界で働く人たちもようやく売上げや利益の目標を立てることに慣れてきました。しかし当時の介護業界では私の会社の施設も含めて介護業界で働く人たちにはそんなものは縁遠い話だったのです。

介護事業の経営者と職員の意識のズレはなぜ生じるのか？

新潟市のグループホームでは住み込みで働いたので、私はそこの職員たちとは二人三脚で働くことになりました。

職員たちは自宅からグループホームに通っていましたが、私は住み込みなので、職員たちが出勤すると必ず私と顔を合わせるわけです。そうした環境のなかで、毎日職員たちと話をしていくうちに、しだいに職員たちがどういう気持ちで介護の仕事に従事しているのかがわかってきました。それで私も職員たちに対する話し方や接し方が定まってきたのでした。

何のために介護の会社を経営しているかというと、けっしてお金儲けが目的ではなく、地域社会と介護が必要な人たちに奉仕するためです。だからまず、地域社会と介護が必要な人たちに奉仕するという事業の理念が非常に大切だということになります。けれども、事業の理念を実現し、持続させていくためには、会社の経営を安定させなければなりません。そこで、売上げや利益の目標を立てるとともに、目標を達成する努力が求められるのです。

ですから、職員に対していきなり経営上の数字の話をすべきではなく、その前に事業の理念を丁寧に説明しなければなりません。そうでないと、数字の目標を掲げる意味も理解してもらえないのです。

私がそのように説明の仕方を変えてから、グループホームの職員たちも数字の目標を立てることについて納得してくれるようになりました。

この体験を一般化すると、介護事業の経営者と介護職員との間には意識のズレがあり、介護の事業を行っていくときにはそのズレを解消することが欠かせないと言えるでしょう。

しかも、この問題は依然として介護業界に残っています。現在は介護業界で働く人たちも売上げや利益の目標を立てることに慣れてきたと言いましたが、この問題を解消できない介護事業者もなくなったわけではありません。また、介護業界には毎年新しい人材が入ってきます。介護事業者としても新しい人材に対してその都度、この問題を解消する努力が必要となるのです。

介護事業の経営者と介護職員との間の意識のズレが解消できなければ、介護事業の経営者は介護職員に対して、「おまえたちの給料はいったいどこから出ていると思っているんだ！」という姿勢になってしまいます。

一方、介護職員のほうももちろん自分たちの給料が介護事業（会社）の利益から出ているのは承知していますが、お金儲けのために介護の仕事をやっているのではないという気持ちが強いので、経営者の姿勢に反発してしまうのです。

介護事業の経営者と介護職員の意識のズレが解消されないままだと、結局、介護事業の経営もうまくいかなくなるでしょう。

もっとも、この問題は介護だけでなく福祉全般に当てはまります。というのも、福祉の世界で〝ビジネス〟を行うことに対する抵抗感や偏見が一般の人たちにまだ根強く残っているからです。そのことが「儲けのために介護の仕事をやっているのではない」いう介護職員の意識のバックボーンになっているのです。

したがって、福祉全体においても理念が大事だということを大前提としたうえで、その理念を実現・維持するためには福祉の事業を経営面で安定させる必要がある。そのことを私たちのような福祉に携わる人間が常に社会に対して訴え続けていかなければならないと思っています。

介護業界に身を置くことで気づいた経営の本質

介護業界に飛び込んだときの私は、表面的なコンサルや経営しか学んでいなかった、大卒3年目の〝にわか経営コンサル〟に過ぎませんでした。

経営コンサルの時代には、アメリカの経営コンサルタントが書いた世界的なベストセラー

『ビジョナリー・カンパニー』のような本を私は必須だと思って読み込んでいたのですが、当時の私が考えていたビジョンや理念といったものは、あくまでも「手段」に過ぎませんでした。

その点については、むしろ介護事業のマネジメントを実践する過程で、「経営とは何か」ということについて非常に多くのことを学ぶことができました。また、マネジメントに携わる人間としての深みも介護業界に入ってから増したと実感しています。

介護の仕事ほど日常的に他人との付き合いが深くなる場所はないのではないでしょうか。人間関係を土台にしないマネジメントは存在しません。マネジメントの経験がまったくなかった私が経営の本質にいち早く気付くことができたのは、介護業界のおかげだと考えています。

にわか経営コンサルのまま介護以外の業界に入ってマネジメントに携わったとしたならば、ビジョンや理念を「手段」としてしかとらえていなかった私は、間違いなく失敗していたでしょう。逆に、介護業界に転身したことで経営の本質をしっかりと自分のなかに取り込むことができました。そのような軸があれば、次にどの業界に行ったとしてもマネジメントで失敗することはないだろうと思っています。

こうしたマネジメントについては介護業界ならではの特有の事情があります。介護保険は福祉の一環として社会保障制度のなかに組み込まれているため、民間の事業であっても介護報酬をはじめ公的なお金が多く投入されているのです。

介護報酬とは、介護事業者が利用者（要介護者または要支援者）に介護サービスを提供したときに、その対価として介護事業者に支払われる報酬のことです。介護報酬は、介護サービスの種類ごとにサービス内容、要介護度、事業所・施設の所在地などに応じた平均的な費用を勘案して決定することになっています。

民間の会社で介護事業を運営しているとしても、売上げには税金もかなり含まれています。介護事業ではそうした認識の下でマネジメントを行っていかなければならないということを私は痛感したのでした。

在籍7年間で、売上高は65倍、施設数は50倍に拡大

メディカル・ケア・サービスでは、2003年中に全国に30カ所のグループホームをオープンするという計画を立て、私が赴任した新潟市のグループホームも含めて計画通りにオープン計画自体は実現しました。しかし、2005年になっても、新潟市のグループホームを

除く他の施設はすべて経営がうまくいかなかったのです。

そうしたとき、私は会社の会長から埼玉県の本社に呼び出されて、次のように言われたのでした。

「斉藤くんが責任者をやっている新潟市の施設だけ経営がうまくいっている。これからは全国の施設の経営もすべて見てくれないか」

新潟市での私の実績を買ってくれた会長は、今度は全国の施設のマネジメントを担当してほしいと言うのです。当時、私は26歳でしたが、新潟でのマネジメントの経験が全国の施設にも生かせるのではないかと思い、会長の要請を喜んで引き受けることにしました。結果的に新潟市のグループホームには1年ほどいました。


私は本社に戻り、全国の施設をすべて黒字にするためのプロジェクト・チームを創設しました。それから8カ月のうちにすべての施設の黒字転換に成功し、その実績が認められ、2005年8月、取締役運営事業本部長の肩書をもらい、会社の株式の上場にまでこぎつけました。

結局、私はこの会社に7年間在籍することになりました。売上高は入社当初2億円だったものが7年間で130億円ほどに拡大し、運営する施設数も当初の2カ所から100カ所を超えるまでになりました。

このような成長を遂げられたのは、マネジメントが功を奏したことが最大の要因であったとしても、高齢化がどんどん進み介護サービスの市場が拡大していったことも大きな要因であることは間違いありません。

2 ユニットケアのグループホームの利点と課題

認知症高齢者が少人数で共同生活する地域密着型サービス

私が新潟市のグループホームで働いていた2003年当時、グループホームという存在自体が珍しいものでした。ケアマネージャー（介護支援専門員）など介護の専門職でもグループホームと聞いてピンとこないような時代でした。

グループホームは正式名称を「認知症対応型共同生活介護」といい、認知症の高齢者を対象に少人数で共同生活をする施設ですが、これは地域密着型サービスの一つと位置付けられており、認知症の高齢者が住み慣れた地域で生活を続けられるようにすることを目的としています。

ほとんどの高齢者は住み慣れた地域で最期を迎えたいと希望しているのですが、認知症の人はなおさらです。認知症になると記憶障害が出てくるわけですが、昔の記憶はしっかりと残っている場合が多いため、認知症の人にいちばん合った生活環境は住み慣れた地域となります。グループホームが地域密着型サービスなのは当然ですし、むしろ地域密着型サービスでなければいけないのです。

グループホームは1990年代後半に国のモデル事業として始まりました。2000年に介護保険制度がスタートしたのをきっかけにその数は年々増え、厚労省の「介護サービス施設・事業所調査」によれば、グループホームの数は2019年10月の時点で全国に1万3760カ所あります。

我が国の介護保険では、65歳になると介護保険の加入者であることを証明する介護保険被保険者証が交付されますが、介護保険によるサービスは、この保険証を提示すれば受けられるというものではありません。サービスを受けたいのなら、その前に市町村の附属機関である介護認定審査会から、要介護の度合いによって「要支援」または「要介護」の認定を受けなくてはなりません。要介護の度合いは低いほうから高いほうへと要支援は1～2、要介護は1～5までの段階があります。

ここで簡単に認知症の説明をしておきましょう。認知症とは、さまざまな原因で脳の細胞が死んでしまったり働きが悪くなったりして日常生活が正常に送れない状態になることを言います。認知症の種類には、「4大認知症」と呼ばれるアルツハイマー型、脳血管性型、レビー小体型、前頭側頭型などがあり、最も患者数が多いのが認知症の6割以上を占めているアルツハイマー型です。

認知症の主な症状には、直前の行動を忘れてしまうなど人や物の名前が思い出せないといった記憶障害、自分のいる場所・日付・周囲の人との関係性を認識できなくなる見当識障害、服のコーディネートや料理の手順がわからないといった判断能力の低下などが挙げられます。


グループホームの話に戻ると、ここに入居するには、65歳以上で要支援2または要介護度1以上の認知症患者であること。さらに、地域密着型サービスなので施設と同一市区町村内に住居と住民票のあることが要件です。

グループホームでは、入居者が最大9人で1ユニットとして共同生活をしていきます。新潟市のグループホームには3ユニットあり、入居者27人が9人ずつ三つのユニットに分かれて共同生活を送っていました。職員数は入居者よりも少し多くて30〜35人いました。

認知症患者の場合、単調な生活になりがちな大人数の施設だと認知症が進行する可能性が高いだけでなく、入居者や職員も頻繁に入れ替るため不安になると言われています。とりわけ高齢者は住み慣れた家を離れて生活するのを嫌がる傾向がありますから、入居した施設がそれまで住んでいた場所から遠いほど、そうした弊害はなおさら深刻になると考えられています。

そこで考案されたのが、1ユニット最大9人で共同生活を送るグループホームです。少人数の共同生活のため、長く生活をしていくうちに他の入居者や職員を認識・理解できるようになり、お互いの人間関係も築きやすくなるということが見込まれたのでした。家庭的なケアを実現するための介護サービスとも言えます。

介護の現場で生活することで介護サービスの魅力を知る

1年にわたった新潟市のグループホームでの生活に少しふれておきます。

起床は毎日午前7時。私の住居は施設の一室でしたから、身支度をして自分の部屋を出ると、施設の職員たちと顔を合わせることになります。新潟なので、冬場の仕事はまず雪かきで始まりました。

それから職員たちの朝食づくりを手伝って、入居している高齢者や職員たちと一緒に朝食をとりました。午前9時になると施設長とともに朝礼に臨み、その日の業務の流れなどを確認するのですが、グループホームでの業務はシフト制になっているため、朝出勤している職員たちの顔ぶれは日によって違います。

私の仕事はマネジメントですから、朝礼後の業務内容は毎日異なっていました。例を挙げると、市役所や県庁に出向いて役所の人と民間の介護サービスに関わることの協議、入居希望者と面談しその家族と入居に関する打ち合わせ、各入居者の健康状態について病院関係者やケアマネージャーと相談、職員の採用面接、職員の研修体制の調整などがありました。要するに、施設運営全般の仕事を引き受けていたのです。

夕方になると、朝食と同様に夕食をつくって入居者や職員と一緒に夕食の席に着きました。本来、夜の8時くらいからはプライベートな時間のはずなのですが、職員たちがいる現場に行って日々の業務面での懸案について話し合うことも少なくありませんでした。また、職員の夜間見守り勤務もよく手伝ったものです。結局、床に就くのは夜中の12時頃になるというのが通常でした。

毎日、認知症のおじいちゃんやおばあちゃんたちと寝食をともにしながら、現場にも入りつつ、介護サービスに関わるさまざまな立場の人たちとの会話を通して、何よりも介護の魅力を知ったのです。

マネジメントの面からは、役所の人、病院関係者、ケアマネージャーなど普通のビジネスマンとは違い社会保障や医療に携わっている人たちと話をしていくなかで、一般のビジネスとは違った介護事業の特性について明確に認識することができるようになりました。

こうして最初はまったくの介護の素人だった私も、多様な観点から介護について思考を深めることができたのです。

今やグループホームが介護サービスのスタンダードに

利用者が最大9人の1ユニットで共同生活をしていくグループホームは、小規模少人数で入居者のケアをしていくというユニットケアの考え方に基づいて創設されました。ユニットケアこそ認知症の人にとって理想的なケアの形だということは、今日では当たり前のこととして定着しています。

しかし、私が介護業界に入った2003年の時点では、ユニットケアの施設は少なく、むしろワンフロアに何十人も職員がいて、利用者も50~100人という規模の施設がスタンダードでした。

だから私にとっては、まだ数の少なかったユニットケアの施設である新潟市のグループホームに最初から関わることができたことは本当に幸運でした。なぜならグループホームのほうがスタンダードだと考えることができたからです。

認知症の人の場合、そうでない人と比べると介護する側としてはすごく手間と時間がかかります。しかも認知症が進行すると、暴力、暴言、弄便行為にもつながってしまうので、介護サービスでも認知症の人は敬遠されがちになります。

けれども国としては、社会保障制度を担っている以上、認知症の人だからといって放置しておくわけにはいきません。

そこで、国が認知症政策の切り札として、認知症専門の認知症の人しか入れない施設をつくっていこうと普及に力を入れることにしたのがグループホームなのです。つまり、国がグループホームに力を入れ始めたタイミングで、私はまさにグループホームの仕事に関わることになったのです。

グループホームは最初から、「少人数小規模での共同生活」「認知症の高齢者専門」「病院のようではなく可能な限り家庭に近い環境」ということを売りにしました。認知症の人にとっては最適の場所だということです。

そのこと自体は世の中にも非常にアピールしたのですが、当初はグループホームももともと身体が元気で認知症でも比較的軽度な人が入るような施設として想定されており、現実にも入居者にはそういう人が多かったのです。

以後、我が国の高齢化はどんどん進み、それに応じて認知症の人も増えてきました。だからこそ、今やグループホームも認知症がある程度進んだ本来の入居者の施設として機能するようになったと言えるでしょう。

高齢者の介護と認知症は切っても切り離せない関係

厚労省が研究費補助金を出して行われた「日本における認知症の高齢者人口の将来推計に関する研究」（2014年度）によれば、2012年には65歳以上の高齢者の15％に当たる462万人が認知症であり、2020年では同17・2～18％の602万～631万人、2025年では同19～20・6％の675万～730万人、さらに2040年では同21・4～25・4％の802万～953万人が認知症になると推計されています。

高齢者における認知症の割合は増えていくということですが、介護を必要とする高齢者はその6割近くが認知症だと言われています。そうなると、けっして介護を認知症と切り離して考えるわけにはいきません。

ところが、介護サービスに携わっていても認知症の人の介護を専門的にやっていないと、認知症の人の介護については表面的な知識しか身に付かない場合が多いのです。それには、介護にはやるべき作業が非常に多いため、専門化しないと個別の介護の作業だけでは広く浅い知識だけになりがちだという事情もあります。

実際、新潟市のグループホームで認知症の人にわずか1年間しか接していない私よりも、10年以上も介護サービスに携わってきた人のほうが認知症の人の介護については理解が浅いというケースがけっこうあったのです。

そういう意味でも、介護の「か」の字も知らなかった私が最初に認知症の人の介護をしっかりと理解できたことは非常に良かったと思っています。介護と認知症は切っても切り離せない以上、介護にとって認知症は非常に重要なテーマなのです。

とはいえ現状のグループホームにも課題はあります。

定められた人員配置基準では、基本的にユニットごとに職員を配置し、日中の時間帯は利用者3人に対して職員1人、夜間と深夜の時間帯は職員1人以上（宿直は不可）を配置することになっていますが、状況に応じて現場の判断で配置する職員の数を柔軟に増減できるのが望ましいでしょう。

利用者の生命を預かっていますし、認知症の症状を安定させていくことを考えたときにはやはり職員の人数が多いほうが良いからです。逆に、今後はロボットなどの導入も可能になりますから、場合によっては職員を減らすこともできるでしょう。

ただ、利用者も3年、5年、10年とグループホームで生活していくと加齢とともに身体も衰え、病気になりやすく、怪我もしやすくなるので、医療的なサポートも必要になってきます。しかし、グループホームは家庭環境に近い環境をつくっているため、医療が必要になったときにすぐに対応ができないという課題も出てきました。

また、利用者は自宅で生涯を終えることを強く望んでいますが、グループホームでの生活が長くなると、そこが自宅のように思う人も増えてくるでしょう。そうなると、グループホームでのターミナルケアもこれから大きな課題になってきます。

介護保険がスタートして20年以上経ちます。ようやくそうした課題に対する共通認識が芽生えてきたところですが、これから解決のための取り組みにも力を入れていかなければなりません。

3 介護ならではの仕事の魅力と業界の将来性

介護現場の現実に直面し、社会保障のあり方に目を向ける

私が大学を卒業したときにはとっくにバブルは崩壊していましたが、生まれたときにはすでに経済大国になっていて、物的には豊かな環境のなかで育ってきたのも確かです。そういうこともあって、子どものときから日本に対する愛国心と誇りを持って生きてきました。

我が国にも貧困や失業、自殺などの社会的な問題は残っていますが、若いなら選り好みをしなければ仕事に困ることはありません。一流企業に入らなくても飲食店やコンビニエンスストアなどでアルバイトをすれば生きていけるのであって、餓死するなどということはあり得ないのです。

私は少なくとも介護業界に入るまでは、我が国には「豊かで平和で安心できる社会」が築かれているから、自分自身の自由な選択でどうにでも生きていける、と確信していました。ところが、介護業界に入ったとたん、そうした価値観が完全に否定されて大きな衝撃を受けてしまったのです。

介護施設では、我が国を経済大国にするために、あるいは「豊かで平和で安心できる社会」をつくるために一生懸命に働いてきたおじいちゃんやおばあちゃんが介護サービスを受けていました。

しかし、私が介護業界に入った2003年当時は、大半の介護施設は街から離れた辺鄙(へんぴ)な場所にありました。「姥捨て山」というと非常に語弊があるかもしれませんが、辺鄙な場所でしたので、周辺環境や建物の外観からするとそのような印象がどうしても拭えなかったのです。

しかも施設では身体を拘束されているような高齢者もいました。そこまでではなくても不自由な生活環境にいた高齢者を私はたくさん見ることになったのです（私のいた新潟市のグループホームは比較的恵まれた環境にあったと思います）。

それまで自分が抱いていた、自分自身の自由な選択でどうにでも生きていけるという確信はあくまでも健常者の理論に過ぎません。介護が必要となった人は生きていくうえでさまざまな困難があり、1人では生きていけないという当たり前のことに気付かされたのです。

経営コンサル業界から介護業界へと転身したとはいえ、最初から介護事業そのものに興味を持っていたわけではありません。だからなおさら私の受けた衝撃も大きかったのです。

そうした経緯があって、私は遅ればせながら我が国の社会保障制度のあり方に目を向けたのでした。本来なら社会保障制度について深く勉強してから介護業界に入るべきだったのですが、順番が逆になってしまいました。

社会保障制度について勉強してみると、我が国ではまだまだ不十分な点があるということを痛感しました。介護の場合、基本的には勤労世代がリタイア世代の介護費用を負担するという構造になっているのですが、我が国では少子高齢化がどんどん進行しており、それにつれて勤労世代がリタイア世代の面倒を見るのが難しくなっていっています。

こうして介護を中心にして社会保障制度の問題解決に生涯をかけて取り組みたい、そんな強い思いが私のなかにふつふつと芽生えたのでした。

介護を通じて〝大先輩〟から学びがある、それが介護の奥深さ

介護業界に飛び込んで、衝撃を受けただけで終わったのではありません。新潟市のグループホームに1年間住み込みながらさまざまな体験を重ねて、介護の魅力に感銘を受け、とても大きな気付きを得たのです。

介護というと、多くの人たちはなんとなく「３K」の仕事というイメージを持っている

のではないでしょうか。もっとも、3Kとは通常、「きつい・汚い・危険」を指しますが、介護では「危険」の代わりに「給料が安い」が入るという人もいます。

いずれにしても、3Kの側面はあります。それを否定するつもりもありません。むしろ介護が3Kの仕事ではないというのは完全な誤りです。

ただ、介護には介護ならではの魅力があるのもまた真実です。繰り返しますが、私は最初から介護事業そのものに非常に興味を持っていたわけではありません。介護に興味がなかった私でさえ介護業界で実際に働いてその魅力を知り、感銘を禁じえなかったのです。

介護の魅力は、なんといっても自分自身の成長にもものすごくつながっていくということです。

介護施設では、日常的に多くの高齢者と接します。そうした介護を受ける高齢者を社会的な弱者だと見る人が少なくないでしょう。しかしそれは違います。

介護を受けているとはいえ、入居者はみな施設の職員よりも何十年も長く人生を歩んできた大先輩です。日常的にコミュニケーションを取ったり、仕事をしながらも人生の大先輩から直接、仕事や社会生活におけるこれまで生き様を聞く機会がけっこうあります。

また、間接的にもその仕草などから生き様を知ることができるのです。つまり、介護をするということは、人生の大先輩からいろいろと指導をしてもらえる環境に身を置くことでもあります。介護のように、自己の成長につながる体験ができる仕事は他にはなかなかありません。

私も介護業界に入ってすぐにはそのことに気が付くことはできませんでした。人生の大先輩から直接の言葉で、あるいは間接的な仕草で、自分が教えを受けているのだということは、半年、1年、2年と経験していくなかで次第にわかってきたことでした。それがまさに介護の持つ奥深さの一つなのです。

「ありがとう」の重みがまったく違うのが介護の仕事

介護の仕事にはもう一つ、別の大きな魅力があります。

新潟市のグループホームにいたとき、最初の入居者のなかに、ある男性の高齢者がいました。仮にAさんとしておきましょう。

Aさんは寡黙で笑うこともなく、「男子厨房に入るべからず」を地で行く昔気質の人です。頑固で、少しでも気に食わないことがあると怒りを露わにするような人でした。そのため、他の入居者よりもはるかに気を遣わなくてはならず、職員たちはコミュニケーションを取るのに四苦八苦していました。私自身もAさんと接するときには同じ思いをしたものでした。

そうやって日々、私たちはAさんの介護に懸命に取り組んだのですが、ある日、施設に訪ねてきたAさんの家族から、「ここでおじいちゃんは幸せそうにしているから心苦しいのですが、特養（特別擁護老人ホーム）が空いたので、そちらに移したいのです」と言われました。

特養が空く順番を待っていたところ、その順番が回ってきたというわけです。費用はグループホームより特養のほうが安いため、家族がAさんを特養に移さざるをえないと思うのは当然のことでした。

Aさんがグループホームを去る日が来ました。

私と職員たちは、Aさんを見送るために玄関に並んだのですが、Aさんは玄関を出て行く前に私たちのほうを振り向いて、頭を下げながらこう言ったのです。

「大変お世話になり、本当にありがとうございました」

頑固で怒りっぽいAさんからそんな言葉を聞くなんて誰も想像もしていなかったので、驚いたというよりも、心が打ち震えるような感動すら覚えて私は目頭が熱くなったのです。

周りの職員たちもみな涙ぐんでいました。

こんなにも「ありがとう」の重みを感じたのは人生で初めてのことでした。そのときのことを思い出すと今でも涙が出そうになります。

介護の魅力の一つは、「ありがとう」と感謝されることの重みがまったく違うということだと思います。この「ありがとう」の重みによって、介護は本当にやり甲斐のある仕事だと、そのとき初めて身に染みて感じたのです。


私も、経営コンサル時代にクライアントの企業の方から「ありがとう」と感謝されたことは何度もありました。そのときもうれしかったのは間違いありません。けれども、Aさんの「ありがとう」とはやはり重みが違います。

ざっくばらんに言うと、介護という仕事は高齢者の人生における最後の時期をサポートするものです。

利用者から「この施設に入って自分の最後の人生がとても豊かになった」

家族から「おじいちゃんがこの施設に入って最期を迎えられて本当に良かった」

そんなことを言われれば、介護施設の職員は、あたかも利用者の人生丸ごとをサポートしたことに「ありがとう」と言われたように感じるものです。

だから介護の仕事をする者は、その「ありがとう」の重みによって何ものにも代えがたい喜び、充実感、達成感を得ることができるのです。

また、多くの利用者がそれぞれ介護に対して人生丸ごとのサポートへの感謝を表明してくれるのであれば、介護は社会に大きく貢献しているととらえることができます。その意味で介護はまさに社会に貢献できる仕事なのです。

見過ごされている「プロフェッショナルな仕事」の側面

介護が3Kの仕事だということは否定できませんが、実は、ものすごく専門性の高い仕事、プロフェッショナルな仕事でもあります。介護の仕事には3Kの側面があることは確かですが、厳密に言えば、誰にもできるルーチンワークと、プロフェッショナルな仕事に分けられます。

ルーチンワークとしては、単純作業や日常の家事のお手伝いをするような仕事があります。このような仕事が苦にならない人もいるし、むしろ好きだという人もいるでしょう。

しかし多くの人が介護の仕事に魅力を感じるのは、やはりプロフェッショナルな仕事のほうなのです。プロフェッショナルな仕事であればこそ非常に魅力を感じ、そこに大きなやり甲斐を見出している介護従事者は少なくありません。

ただし、一般の人たちには介護の仕事は誰にでもできるように思われているため、プロフェッショナルな仕事の側面は見過ごされがちなのです。

「介護の仕事では何をするのか?」と問われると、健常者のようには自由な日常生活を送れなくなった人たちをサポートすることから、「生活支援」と回答できるでしょう。しかも、介護の対象は主に高齢者なので、介護とは、「高齢者の生活支援」ということになります。だから高齢者が要介護状態になったとき、残された時間が少ないなかでいかに豊かな老後を築くことができるかを見つけ出していくことも介護の重要な役割なのです。

そのためには、介護の対象となる高齢者の状態を細かくしっかりと分析しなければなりません。専門用語でいう「アセスメント」ですが、これによって食事を1人で食べられるのか、介助がないと食事ができないのか、自分でトイレに自由に行けるのか、介助をしないとトイレに行けないのか、1人で入浴ができるのかなど、日常生活全般について把握するわけです。

アセスメントで日常生活のすべてで介助が必要なのか、部分的な介助で良いのかなどを見極めたうえで、具体的にどのような支援をしていくかを決めるのですが、そこでは併せて、豊かな老後にするためにその高齢者の人生の望みや目標に沿うような支援の仕方も考慮すべきなのです。

介護状態に陥ると、悲観的になって人生に絶望してしまう人もいます。認知症になった場合が最たるものですが、認知症ではないとしても、例えば自分の子どもに下の世話など絶対してもらいたくないという思いから、「もういいよ。私はこのまま静かに死んでいきたいんだ」という言葉を口にする人はすごく多いのです。

このような場合、介護サービスを行う側には、「一緒に明るい老後をつくっていきましょう」と語りかけるなど、こうした高齢者にモチベーションを高く持ってもらう取り組みが求められます。つまり、コーチング的なスキルや人生の伴走者としてのスキルも不可欠なのです。

また、医療的な知識、認知症に関わる知識、リハビリテーションに携わる専門的な知識なども当然のこととして求められます。

加えて介護サービスを行う側は、家族や地域社会のサポートのあり方、介護費用の捻出なども含めて、高齢者にまつわるあらゆることを考えなければなりません。その土台として介護に関連する豊富で深い知識を身に付けておく必要があります。

このように介護は非常に奥深く、だからこそ専門性の非常に高い仕事、プロフェッショナルな仕事なのです。介護の理念につながっていく専門性の高いサービスとも言えるでしょう。

それにもかかわらず、介護業界の給料は安いと言われていますし、実際にそうであるため、「介護はプロフェッショナルな仕事であるのになぜ給料が安いのか」という疑問も当然出てきます。

この点は介護保険制度の下での構造的な問題も絡んでくるので、今後、介護業界全体で取り組んでいくべき問題です。そのためにも介護業界は一丸となって主張を訴えられるような体制を構築しなければなりません。

マーケットが拡大する介護業界にはチャンスが溢れている

介護業界のマーケットに視点を変えてみましょう。

介護の仕事には、介護業界の成長性の高さから生じる魅力があります。事業者にスポットを当ててみると、介護事業者の仕事の中身は「利用者相手の介護の仕事」と「介護事業者の組織運営の仕事」の大きく二つに分けられます。

前者が介護職だとすれば、後者は会社であれば総務、経理、営業、企画、人事、広報などがあるでしょう。介護施設の責任者であれば仕事はマネジメントが中心です。私は介護業界に入ったときには新潟市のグループホームの責任者だったので、介護の仕事を手伝うことはあったものの主な仕事はマネジメントでした。

そして、ここが非常に重要な点なのですが、我が国の経済のなかで介護業界こそがこれから最も成長していく可能性が高いのです。人口構造から言うと、我が国の人口はすでに減少に転じています。人口が減っていくなら、経済も停滞あるいは衰退していくというのが通例です。

ところが、少子高齢化が進むなかで高齢者だけはこれからどんどん増えていきます。予想では、2042年に我が国の高齢者人口（65歳以上人口）は3935万人でピークを迎えるとされています。高齢者の人口が2042年まで増え続けるのなら、介護業界のマーケットも同様に拡大していきます。

全体の人口減少とともに介護以外のほとんどの業界ではマーケットが縮小していくのに対して、おそらく介護業界は我が国でこれからマーケットが拡大するだろう数少ない業界の一つでしょう。

一方、介護以外の業界のほとんどは事業が縮小していくとされているわけですから、そうした業界の会社も自ずと減っていきますし、生き残った会社でもポストは少なくなっていくでしょう。

反対に、介護業界は事業が拡大してポストも増えていきます。そのため、介護業界の会社であれば、ポストも増え続けるでしょうから、非常に出世しやすいということになります。それに応じて給料も増えていくわけです。

このように介護業界はチャンスに溢れていると言って良いでしょう。私の場合も、介護の会社に入って2年足らずで全国30カ所の施設の経営を担当する役職に就くことになりました。介護業界で働くと考えたとき、もちろん介護職一筋という道があります。それと同時に、介護事業を手掛ける会社には介護職だけではなく多様な職種があるのですから、介護業界が拡大していくなかで、そうした多様な職種を経験しながら自身のキャリアをステップアップさせていくという道もあります。

介護業界は、マーケットの成長性の高さによってキャリアのステップアップがしやすいうえ、いろいろなチャンスも溢れています。これもやはり介護という仕事の大きな魅力なのです。

第3章

なぜ介護保険が必要なのか？

1 ライフラインとしての介護サービス

介護者の息抜きのためにも必要な在宅介護サービス

新型コロナの感染拡大に伴い、介護サービスのなかでも特定多数の利用者が集まるデイサービスやショートステイの需要が急速に減りました。利用者が感染を恐れたからなのですが、特に都市部では、どちらのサービスでも利用者が8割減になった施設もあり、自主的な閉鎖を余儀なくされた介護事業者も出てきました。

ここでショートステイについて少し説明しておきます。

ショートステイは、短期的に施設に入所して介護サービスが受けられるというものです。介護は施設だけで行われているわけではなく、自宅で介護をしている家族も少なくありません。ただ、家族にも冠婚葬祭や、体調を崩して一時的な入院をするなど自宅を数日間留守にせざるをえない場合もあります。そうしたときに活用できるのがショートステイです。

食事や入浴などの日常生活の介護サービスはもちろん、リハビリテーションやレクリエーションなどのサービスも受けられるだけでなく、自分の息抜きや介護疲れを癒やすために定期的に利用するケースもあり、なにかと使い勝手が良いのがショートステイのいちばんのメリットでしょう。

デイサービスもショートステイも我が国の介護業界のなかですでに大きな位置を占めるようになっています。要介護者はもちろんのこと、介護者の健康維持を考えたときにも、デイサービス、ショートステイのいずれも欠かせないサービスになっています。「コロナで利用できないなら仕方ないよね」というような簡単な話ではありません。長期間利用できないとなると、要介護者の生命にすら関わる場合もあるのです。

デイサービスやショートステイでさえそうした実情を抱えているのですから、施設型の介護サービスが止まってしまったらそれこそ大変です。間違いなく要介護者の生命を脅かすことになるでしょう。それを新型コロナははっきりと介護業界に突き付けたのでした。

新型コロナは旅行業界、飲食業界、イベント業界などにも甚大な経営的打撃を与えました。そのダメージを回復させようと、政府が打ち出したのがＧｏ Ｔｏキャンペーンです。

政府は２０２０年４月、事業規模１０８兆円の新型コロナウイルス感染症緊急経済対策を実行するために16兆８０５７億円の２０２０年度補正予算案を閣議決定しました。そのうちＧｏ Ｔｏキャンペーンにあてられたのが１兆６７９４億円の予算です。

Ｇｏ Ｔｏキャンペーンの中身には、国内旅行の費用を補助するＧｏ Ｔｏトラベル、飲食需要を押し上げるＧｏ Ｔｏイート、イベントのチケット代などを補助するＧｏ Ｔｏイベントの他、商店街振興のためのＧｏ Ｔｏ商店街もありました。

これで国内旅行を中心に消費が一時的には盛り上がったのですが、２０２０年11月からまたもや新型コロナの第3波が広がってきたため、Ｇｏ Ｔｏキャンペーンも中止に追い込まれました。

今や介護サービスは生命に関わるライフライン

Ｇｏ Ｔｏキャンペーンが中止になって関連する業界は深刻な影響を受けました。ただ、誤解を恐れずに言うと、旅行や外食をやめて、イベントへの参加を控えたとしても、例外はありますが多くの人の生命には別状ありません。

一方、介護は、食事や入浴を1人でできない人のケアを家族だけで行うには限界があるために介護サービスが生まれたわけです。前述したように、介護サービスをやめてしまうと、とたんに介護を必要としている人の生命に関わってきます。

生命に関わるのですから、今や介護サービスは、水道や電気と同じようなライフラインの一つと断言してもかまわないと個人的には思います。

水道、電気、ガスは主にハードウエアである設備によって運営・維持されています。介護サービスでは介護施設の建物や設備というハードウエアだけでなく、介護従事者というソフトウエアも絶対に欠かせません。ハードウエアとソフトウエアの両方で成り立っているのが介護サービスなのです。

新型コロナ対策として自宅でのテレワークが推奨されている業種もあるわけですが、介護従事者にはテレワークはあり得ません。介護が必要なおじいちゃん、おばあちゃんのために介護従事者は新型コロナ感染の危険を顧みずに果敢に介護の現場に出て仕事をしてきました。新型コロナの感染と隣合わせで神経をすり減らしながら働き続けてきたのです。さらに、これからもそうしなければなりません。

しかし、高齢の介護従事者の場合、新型コロナに感染してしまったら自分自身の生命が危険にさらされるため、疲弊する人も少なくないのです。

水道、電気、ガスは設備が故障あるいは損壊したときに断絶してライフラインとしての機能を失ってしまいます。逆に言うと、設備を修復しさえすれば機能は回復します。介護サービスは介護施設の建物がいくら立派でも介護従事者がいないとまったく機能しません。だからこそ、不測の事態に対応しながら介護サービスを維持するには介護従事者に対する支援が欠かせません。

２０２０年6月に閣議決定した第2次補正予算の新型コロナ対策では、介護に４１３２億円の予算が付き、介護施設の介護従事者にも慰労金（20万円と5万円）が支給されましたが、新型コロナの収束が見えない以上、今後とも介護従事者への支援は必要になります。ライフラインである介護サービスの重要性はすでに政府も認識しているはずですから、適切なタイミングで介護従事者を支援してほしいものです。

付言すると、介護サービスの重要性ゆえ、事業がうまくいかないからといって閉鎖してしまう介護事業所はそれほどありません。新型コロナの感染が広がって事業の縮小に追い込まれた事業所でさえ閉鎖にまで至ったところは少数でした。

閉鎖しないでどうするのかと言えば、他の介護事業者に運営を引き渡すか、事業所を売却するのです。だから、介護事業者の倒産件数は少ないのですが、大きな規模の介護事業者による寡占化が進んでしまう恐れもあります。私としては、中小零細も含めて昔から介護サービスを支えてくれた介護事業者が存続できるようにという思いを強く持っています。その点でも、後述するように介護事業の効率化を進めなければなりません。

2 介護における自助・共助・公助

高齢者の自立支援が介護保険の基本的な理念

菅義偉首相は2020年10月の所信表明演説で次のように述べました。

「私が目指す社会像は、『自助・共助・公助』、そして『絆』です。自分でできることは、まず、自分でやってみる。そして、家族、地域で互いに助け合う。そのうえで、政府がセーフティネットでお守りする。そうした国民から信頼される政府を目指します」

これまでも自助、共助、公助というのは並べてよく唱えられてきたことですが、菅首相が所信表明演説で力説したことによってあらためてクローズアップされました。

では、介護に関連して自助、共助、公助とはどういうことなのか。

まず介護保険を利用しない段階での「自助」というのは当然ながら、本人が介護状態にならないように努めることです。しかし自助だけでは無理となり、ある程度の介護が必要になったときに受ける家族や地域社会からの支援が「共助」です。さらに要介護の度合いが進むと介護保険を利用することになりますが、この意味での介護保険は「公助」の位置付けとなるでしょう。

次に、介護保険に焦点を絞ると、これは自助、共助、公助のいずれの特性も持っているのです。

すなわち、介護保険では国民が介護保険料を納めることで「共助」、国による税金の投入が「公助」、さらに利用者が介護サービスの料金を払うことが「自助」になります。ただし介護保険の自助はそれだけではありません。

介護保険法の第1条（目的）には、高齢者が自立した日常生活を営むための支援ということが謳われています。

「この法律は、加齢に伴って生ずる心身の変化に起因する疾病等により要介護状態となり、入浴、排せつ、食事等の介護、機能訓練並びに看護及び療養上の管理その他の医療を要する者等について、これらの者が尊厳を保持し、その有する能力に応じ自立した日常生活を営むことができるよう、必要な保健医療サービス及び福祉サービスに係る給付を行うため、国民の共同連帯の理念に基づき介護保険制度を設け、その行う保険給付等に関して必要な事項を定め、もって国民の保健医療の向上及び福祉の増進を図ることを目的とする。」

要するに、介護保険の重要な基本理念として、高齢者の日常生活における自立の支援が掲げられているのです。単に介護の必要な高齢者の身の回りの世話だけではなく、高齢者の自立の支援が強調されています。

「自立の支援」という場合、「自立」と「支援」のどちらに重点を置くべきなのかというと、「支援」のほうに重点を置くと前述したように「共助」が強調されることになります。けれども、支援ということで要介護者のために介護者が何から何までやってあげたとしたら、高齢者の身体の状態はどんどん悪化していくでしょう。

そうではなくて、介護保険の理念からすればやはり「自立」のほうに重点を置くべきだと思います。なぜならば、「自立の支援」という場合は、高齢者自身に自立のための努力が求められ、介護者としても高齢者に自立のための努力を促していくことが中心的な役割となるからです。

しかもその場合、介護サービスに対しても、高齢者による自立のための努力で介護状態ではない生活をどれだけ多くつくり出したかが問われることになります。言い換えれば、高齢者が努力して日常生活で自立できるようになった項目が多ければ多いほど介護サービスの効果も大きかったと判断できるわけです。

したがって、介護保険において高齢者自身の自立のための努力も高齢者にとっては「自助」ということになります。

利用者本位で多様な介護サービスを自由に選べる

介護保険の出発点になったのが1989年12月に政府が発表したゴールドプランでした。正式名称は「高齢者保健福祉推進十カ年戦略」といい、21世紀には国民の4人に1人が65歳以上の高齢社会となることを見据えて、高齢者の保健福祉における公共サービスの基盤整備を目指したものです。

確かにそれが主たる目的だったのですが、政府としては1989年4月の消費税導入に対してゴールドプランで大義名分を与えることも重要な目的だったと言われています。大義名分というのはゴールドプランの実現のために消費税導入に至ったということで、社会保障の拡充と消費税導入とは密接な関係があるわけです。

ゴールドプランは当時の厚生省が打ち出した「ホームヘルパー10万人への大増員計画」と「寝たきり老人ゼロ作戦」という二つの施策が柱で、大蔵大臣（現・財務大臣）、厚生大臣（現・厚生労働大臣）、自治大臣（現・総務大臣）という3大臣の合意によって策定されました。

3大臣の合意は、国の厚生部門の主導というだけでなく地方自治体の協力と財政的な裏付けがないと、実のある福祉政策が実施できないことを如実に示すものでもあります。逆に、3大臣の合意があったからこそゴールドプランが国内で定着し、介護保険の創設へと結び付いていったとも言えるでしょう。

介護保険法は国会で約1年にわたる審議の後、1997年12月に可決・成立し、介護保険制度が2000年4月からスタートしました。

介護保険はすでに述べたように自立の支援を基本理念とし、高齢者の介護を社会全体で支える仕組みです。保険の方式としては、年金制度と同様に給付と負担の関係が明確な社会保険方式が採用されました。現在、40歳以上の国民が介護保険料を払っていて、給付費の不足分は税金で補われています。

また、利用者本位というのも介護保険の非常に大切な考え方です。

利用者（やその家族）が自らの選択によって民間企業、農業協同組合、生活協同組合、NPO（非営利団体）といった多様な事業者から介護サービスとしての保健医療サービス、福祉サービスを総合的に受けられる制度になりました。もちろん介護施設も選べます。

そして、利用者はケアマネージャーなどと相談してあらかじめ介護サービスのケアプラン（利用計画）をつくるのですが、利用料金は所得にかかわらず1割の利用者負担です（2015年8月以降は一定以上所得者については2～3割の利用者負担）。

介護保険ができる前は、公的な介護は基本的にすべて税金によるものだったので、地方自治体単位でどの介護サービス受けるかは行政側が全部決めていたのでした。利用者は介護施設や介護サービスの内容を選べなかったのです。

3 社会環境の変化につれて介護も変化する

民間も行政もメリットを得られる環境づくりへ

介護保険によって介護サービスが民間にも開放されたからこそ、株式会社や有限会社をはじめとして事業者が多様になりました。

けれども介護保険における介護サービスは社会保障であり、事業所には公的なお金も入るので、介護サービスを行えば民間企業にも公的なお金が入ることになります。ただし営利を追求することが民間企業の本分ですから、儲からない事業に手を出す民間企業はないはずです。

となると民間企業であれば、いったん介護サービスを手がけたとしても「儲からないならやめる」という判断をしてもおかしくはありません。そうしたケースが増えたら、社会保障としての介護の基盤も揺らぐことになるでしょう。

この問題は小泉政権のときの郵政民営化のケースと似ています。当時、郵政を民営化したら、儲からないという理由で地方の過疎地の郵便局を廃止したり、同じく郵便物の配達をやめてしまったりすることが懸念されました。だから、郵政民営化の反対派は、民営化によって同じ国民なのに地方は都市部と同じサービスを受けられなくなり、国民の間に不平等が生じると批判したのです。

介護サービスでも、住んでいる地域によって利用者が受けられる介護サービスに格差が出てきたら、やはり国民の間に不平等が生まれることになります。

といって、以前のように行政だけの介護サービスに戻ってしまうようなことになったら、自助や共助で介護が成り立つような人たちまでも行政に丸抱えしてもらおうということになりかねません。それは、公的なサポート体制だけの共産主義のような世界です。結局、ヨーロッパの共産主義国家が崩壊してしまったように、国家財政が破綻して国も国民も共倒れになるでしょう。

小泉政権による郵政民営化は以後、紆余曲折を経て、現在では日本郵政、ゆうちょ銀行、かんぽ生命の3社が株式上場を果たしています。郵便局の数は郵政民営化後も約2万4000局でほぼ維持されてきました。まだ民営化が成功したのかどうかの判断は難しいようですが、郵便局の数を減らさないために、それなりに仕事の仕方の効率化に取り組んではきています。

荷物については民間の宅配会社が取扱量を伸ばしてきました。これによってたとえ郵便での荷物の扱いが減っていっても民間の宅配会社を利用するならば国民は不便を感じなくて済むという環境がすでにできています。

ただし、当然のことながら制度的な面から郵政民営化と介護保険を同列視することはできません。しかし郵政民営化と似ている面はあるのですから、現状で考えると、介護保険という公的なシステムを基盤にしながら、そこに民間企業の発想や知恵を入れていって、民間企業も行政もともにメリットを得られるような環境をつくっていくというのが最も望ましいあり方だと思います。

介護保険が導入された背景にある三つの社会環境の変化

介護保険が導入された背景には、人口構造の変化により介護の必要な高齢者が急増して介護期間も長期化するという想定がありました。

となると、介護への需要が大幅に増大するため、既存の老人福祉や老人医療による対応では限界が見えてくるのです。つまり、公的な介護をすべて税金でまかなうのは不可能になるので、国民の支援を前提とする介護保険へと切り替えるべきだということになったのでした。

もう少し詳しく人口構造の変化を見ると、65歳以上の高齢者の増大と出生率の低下のために生産年齢人口（15～64歳）が減少していきます。高齢者を支える現役世代の数がどんどん減っていくのですから、いうなれば従来は現役世代3人で高齢者1人を支えていたのが今後は現役世代1人で高齢者1人を支える形に変わるのです。

このことは「騎馬戦から肩車へ」とも表現されているのですが、従属人口指数（生産年齢人口に対する14歳以下の年少人口と高齢者人口の相対的な大きさを比較して生産年齢人口の扶養負担の程度を大まかに表すための指標）を用いた次の推計に基づいています。

「出生中位推計に基づく従属人口指数（生産年齢人口100に対する高齢者人口の比）は、2015年の43・8（働き手2・3人で高齢者1人を扶養）から2023年に50・3（2人で1人を扶養）へ上昇し、2065年には74・6（1・3人で1人を扶養）となる」

ただし変化するのは人口構造だけではありません。社会環境の大きな変化も介護保険への転換を強く後押ししたのでした。

この社会環境の大きな変化には「核家族化」「女性の社会進出」「地域コミュニティの衰退」の三つが挙げられます。以前は、大家族で基本的に女性は家にいて地域コミュニティも機能していました。

最近になって介護や認知症の問題が大きくなってきたため、昔はどちらの問題もなかったかのような錯覚がありますが、昔から介護の問題はありましたし、一定割合で認知症の人もいたのです。今と違うのは、昔は大家族で女性も家にいたので介護が必要な高齢者のケアを家族だけで対応することができたことでした。また、高齢者が出歩いても近所の人たちが見守ってくれるなど、地域コミュニティによるサポートもありました。

しかし今は違います。核家族化の進行により昔のような大家族でサポートできる環境がほとんど消えてしまいました。加えて、女性の社会進出が当たり前となり、結婚しても外で働くのが一般的になりました。両親の介護を嫁が担うというのはむしろ例外的になったのです。

核家族化で女性が家にいなくなり、家では高齢者を支える人数が圧倒的に減ってしまいました。さらに地域コミュニティも衰退してきて、何かあったときには隣近所の人たちがサポートしてくれるという環境も失われてきています。

ということで、介護が必要な高齢者を家族でケアするのは現実的ではなくなってきたのです。家族による十分な介護が無理ならば、それを社会でも一緒に担っていかなければなりません。それで、国民が応分の負担をする介護保険という仕組みで高齢者をケアしていくことになったわけです。これは家族単位、地域単位ではなく国民全体で介護を支えていくということでもあります。

今やいくら保守的な考えの人でも、高齢者を家族がサポートする、両親の面倒を子どもがみるということに固執する人は少ないでしょう。高齢者や親の介護は公的な制度に頼るべきではないと主張する人はもはや少数派になっています。

介護には地域コミュニティの結び付きを強める働きがある

核家族化や女性の社会進出の動きもどんどん進んでいます。介護保険もそれらを前提にしていますが、地域コミュニティについては、介護保険の有無にかかわらず、あるいは超高齢社会が進んでいくなら再生を図る努力をすべきだと思います。

地域コミュニティの衰退が叫ばれて久しいものの、以前は介護との関係では問題視されませんでした。というのは認知症の人の徘徊も表にあまり出てこなかったからです。それが超高齢社会の進行とともに認知症の人の徘徊が目立つようになって社会問題化してきたのでした。

このとき、認知症の人が徘徊しても近所の人が「おばあちゃんが今、外を歩いちゃっていますよ」と家族に知らせるなどして、地域で認知症の人の徘徊に歯止めをかけられるという意見が出ました。地域コミュニティには認知症の人を見守る力があるというのです。

ところが、地域コミュニティが衰退してきて認知症の人を見守る力も失われつつあることもすぐに明らかになったのでした。裏を返すと、認知症の人を見守る力を取り戻すためには地域コミュニティの再生を図らなければならないということです。

では、認知症の人の徘徊とはどういうものなのか。

認知症の人は歩く能力があると、本人なりの理由であちこち歩き回ることがあります。けれども、他人からは何のために歩いているのかわからないし、本人に聞いてもよくわからないことが多いため、他人の立場では徘徊しているように見えるのです。認知症の人が自転車や自動車で出かけてしまうことによる徘徊もあります。

警察庁の調べによれば、認知症の人の行方不明は２０１２年の段階では１万人を切っていたのに２０１９年には１万７４７９人に達しました。超高齢社会が進展するスピードに比例して認知症の人の行方不明も増えてきたのです。

認知症の人が徘徊で行方不明になった場合、自宅から遠く離れた土地で発見されたり、本人が自分の身元を説明できないため身元不明者にされたりすることも少なくありません。行方不明になって５日間を過ぎると生存率は０％となるという調査もあります。

高齢者が増えるのにしたがって、認知症でも介護施設ではなく家族と一緒に暮らす人や一人暮らしの人もどんどん増えていくでしょう。

我が国では人が住んでいる地域ならどこでも認知症の人がいるのは当たり前という時代になってきました。とすれば、地域住民も認知症の人への理解を持って認知症の人をサポートしていける環境をつくっていかなければなりません。とりわけ、まず認知症の人の徘徊を見守る体制を構築する必要があります。それこそまさに地域コミュニティの再生を図っていくということです。

かたや、地域コミュニティは衰退し続けているのに、そんなことができるのかという反論もあるでしょう。

けれども、介護保険が定着、普及、拡大してきたことによって、国民全体にも介護が身近になってきたのは確かです。そうであれば、介護をきっかけにして地域コミュニティの結び付きを強め、地域コミュニティの再生を図ることができるのではないでしょうか。

例えば、街を歩いていてもデイサービスの送迎車をしょっちゅう見かけるようになりました。また、近所に介護サービスを受けている家があると、その家を訪問して入浴サービスやリハビリを行う介護従事者と顔を合わせる機会も多くなってきています。こういうことで近所の人たちも、いずれ自分の家にも介護サービスの人たちが来るだろうと想像するようになっているはずです。

また、介護サービスを受ける家には戸建てだけでなくマンションもあります。なかには近所に対して「おじいちゃんのために介護関係の人たちが出入りするので、よろしくお願いします」と挨拶するような家もあるでしょう。これも近所の人たちの介護への意識をさらに高めることになります。

このように介護には地域コミュニティの結び付きを強める働きがあり、それによって地域コミュニティが再生していけば、認知症の人の徘徊なども見守ることができるようになり、認知症の人の行方不明を減らすことも可能になるに違いありません。

介護離職を避けるためにも普段から介護に関心を持つべき

2015年10月、当時の安倍政権は「1億総活躍社会」というキャッチフレーズを掲げて「介護離職ゼロ」という目標を打ち出しました。これは「安心につながる社会保障」の一環で、介護施設の整備、介護人材の育成、在宅介護の負担軽減など仕事と介護が両立できる社会づくりを目指し、それによって親族の介護を理由とする離職をなくすこと、つまり「介護離職ゼロ」を実現するということです。

ただし、介護離職を「介護職を辞める」という意味に受け取った人も少なくなかったし、今でもそういう誤解があります。すなわち、「介護離職ゼロは介護職を辞める人をゼロにすること」という誤解です。「介護離職ゼロ」は誤解を与えてしまう言い方ではあります。

当時（今もそうですが）、政府も介護業界も介護人材の確保をどうするかという話ばかりしていたので、本来なら介護離職というより介護人材確保の問題をテーマにすれば良かったのかもしれません。

安倍政権もそのことはわかっていたのでしょうが、介護人材確保の問題にすると介護職だけの問題に限定されるのに対し、介護離職の問題にすれば労働者全員の問題へと転換できるということで介護離職のほうを取り上げたのだと思います。

親族の介護を理由とする離職という本来の意味の介護離職について言うと、実はこの問題には特別な対策をする必要はあまりないのです。要するに、国民が必要な介護を受けられる十分な環境さえ整えられれば、介護離職は自ずと減っていくことになります。介護離職の問題はほとんど解決するに違いありません。

現在は、国民が必要な介護を受けられる環境は整いつつありますが、さまざまな問題がまだ残っており、それらを解決して十分な環境を実現するにはもっと時間がかかります。逆に言うと、時間をかければ十分な環境の実現も果たせるはずです。

とはいえ、現在、介護離職の問題に直面している人の立場では、そんな悠長な話に付き合っていられるか、ということになるでしょう。

では、どうすべきかと言えば、まず重要なのは意識の転換です。これができれば、国民が必要な介護を受けられる十分な環境が整うまで待つこともありません。

すなわち、親の介護は子どもである自分がやらないといけないという考え方に固執しないようにする、さらに言うと日常的に当然のこととして高齢者問題や介護問題に対して意識を働かせておく、ということです。

逆に、普段から介護に興味がないと、親に介護が必要になったとたんに慌ててしまいます。慌てていろいろと情報収集をしたりしても、介護は複雑なので解決策がなかなか見えないのです。となって今度は周りの友人や知人に聞いても、それぞれの話が全然違っていることも多く、どれを信じたら良いかわかりません。そういうことを繰り返して、にっちもさっちもいかなくなって、とうとう仕事を辞めざるをえないところに追い込まれるのです。

けれども、最初から介護に対して一定の知識があったら、親に介護が必要になった瞬間、すぐに役所に行って介護保険の認定をもらい、介護保険の下での介護サービスを受けられるようにすれば、介護離職を避ける道も開けてきます。

まっしぐらに介護離職へと至るのは、親の介護は子どもである自分がすべてやらなければいけないという考え方への固執と介護への知識不足にあると言っても過言ではありません。

また、介護の知識がないと情報収集に手間取ってしまい、介護保険の認定に至るまでに短くても半年、長いと1年以上もかかってしまうというケースも多いのです。

介護離職を選択する寸前の人や情報収集に半年から1年もかけたような人が私たちのところに相談に来ると、手遅れとまでは言いませんが、親に介護が必要になったときに直ちに相談に来てくれたら全然違うのに、といつも思います。

介護離職を避けるためのポイントを最後にまとめておきましょう。

普段から高齢者問題や介護問題に関心を持ち一定の介護の知識を頭に入れておいたうえで、親に介護が必要になったら、親の介護は子どもだけでやるべきだという考え方に固執せずに現行の介護保険を上手に活用するということです。

第4章

現状の介護業界の課題と可能性

1 介護人材の確保に向けての課題と対策

「2025年問題」を控えて深刻な介護人材不足

介護業界で最大の課題は介護人材の人手不足です。

これにも新型コロナが影響を与えており、新型コロナの影響で飲食店やホテルの需要が大幅に減って、飲食店やホテルで働いていた人たちが介護業界に流れ込んできています。新型コロナが異業種の人材を介護業界へと移らせているということです。

そういう人材にはもちろん日本人もいます。けれども特に多いのが外国人で、しかも母国に帰れない人たちがほとんどです。

コロナ禍のために多くの業界では求人が減っているのに介護業界だけはずっと求人が高止まりしているため、他の業種で働けなくなった人たちの有力な受け皿になっています。今回のコロナ禍のようなときには、求人の多さが介護業界の強みになると言えるでしょう。ただし、採用が増えたのはあくまでも介護の未経験者です。

介護業界の人手不足は、介護職に就いていた人たちの離職率が高いということからも生じるのですが、この点ではコロナ禍はマイナスに働いています。

新型コロナに感染しないように介護の現場では従来よりもさらに感染対策に気を遣わなければならず、そのために非常に疲弊する介護従事者が増え、離職も相次ぐようになりました。もともと高かった介護職の離職率が、新型コロナが追い打ちをかけてさらに高くなっているのです。

要するに、コロナ禍では介護業界としても未経験の人は採用しやすくなった反面、介護の経験者は一段と採用しにくくなりました。しかも新型コロナが収束すれば、未経験の人の採用も難しくなるでしょう。

いずれにせよ現状の介護業界のベースには、介護人材の求人が大変で介護職も定着しにくいという環境があります。

ところが、今後ますます高齢者は増え続けていき、反対に生産年齢人口は減り続けていくのです。となると介護職が大幅に足りなくなる恐れがあり、それによって我が国の介護も崩壊につながっていく可能性が高まります。介護が崩壊すれば、日本社会そのものが崩壊に追い込まれるでしょう。介護人材の不足は本当に深刻な日本社会全体の大きな課題なのです。

では、介護人材はどのくらい不足すると予想されているのでしょうか。その前提となるのが「２０２５年問題」です。

第２次世界大戦直後の１９４７年〜１９４９年に生まれて出生数が突出している世代が「団塊の世代」と呼ばれています。近年は少子化のために年間出生数も１００万人を切っていますが、団塊の世代では２６０万人を超えていました。その合計出生数は約８００万人にも達し、今や団塊の世代の全員がすでに高齢者です。

高齢者は65歳以上ですが、75歳以上の高齢者は後期高齢者に区分されています。75歳以上は複数の病気にかかりやすく入院の比率も高いうえに、長期入院となりがちで、自立した生活もままなりません。後期高齢者は他の年齢層と比べてとりわけ医療費と介護費がかかるのです。

団塊の世代の全員が後期高齢者になったとき、言うまでもなく医療費と介護費が急増します。その団塊の世代全員が後期高齢者になるのが２０２５年なのです。

医療も介護も費用が増えると比例して医療と介護に従事する人材もさらに必要となります。このうち特に人材が不足すると予想されているのが介護なのです。

介護人材確保の根幹となる三つの対策

目下、我が国の介護職は全国に全国200万人にいると言われています。では、2025年に介護人材がどのくらい不足するのか。

厚労省が2018年5月に発表した「第7期介護保険事業計画に基づく介護人材の必要数について」によると、介護人材は2025年度に244万6562人が必要となるのに対し、210万9956人しか確保できません。充足率が86・2％に留まるため、13・8％に当たる33万6606人が不足することになります。言い換えれば、介護業界には不足分の約34万人の介護人材を2025年度までに確保する努力が求められているということです。

ただし2025年を乗り越えたら介護人材の不足が緩和されるということではありません。年間の出生数が200万人を超えた第2次ベビーブームの1971～1974年に生まれた人たちは団塊ジュニア世代と呼ばれていますが、2040年には団塊ジュニア世代の全員が高齢者となります。そして2042年に我が国の高齢者人口がピークとなります。そのため医療と介護の費用の大きさもピークとなるので、「2040年問題」とされているのです。

同様に少なくとも2042年まで介護人材の需要増も止まりません。介護人材の不足は2042年に向けて拍車がかかっていくとも言えるでしょう。

2042年の高齢者人口のピークを超えれば、ようやく介護人材の需要も減っていくことになります。逆に言うと、少なくともその時期までは介護業界も介護人材の確保に一生懸命に取り組まなくてはなりません。

介護人材の確保では「第7期介護保険事業計画に基づく介護人材の必要数について」でも、介護職員の処遇改善、多様な人材の確保・育成、離職防止・定着促進・生産性向上、介護職の魅力向上、外国人材の受入環境整備など総合的な介護人材確保対策に国が取り組むべきだと提案しています。

しかし介護人材の確保を国だけの責任にするわけにはいかないし、実際、国が主導するとしても人材確保に最も主体的に取り組まなければならないのは介護業界です。

介護人材の確保では、2025年に不足するとされる約34万人についてはもとより、長期的にもやはり根幹となるのが介護職員の処遇改善です。しかし、加えて次の三つの対策も重要となります。

すなわち、「介護の魅力を発信していく」「外国人を活用する」「介護業界の生産性を向上させる」です。これらは「第7期介護保険事業計画に基づく介護人材の必要数について」の提案にも含まれていますが、特に力を入れるべき点であり、介護人材を確保するためにも効果的だと思います。

詳しくは後述しますが、ここで簡単に三つの対策についてふれておきます。

「介護の魅力を発信していく」は、一般的に介護には「3K」の仕事のイメージが強いとはいえ、本来、介護は大きな魅力も持っているので、それをアピールするということです。

「外国人を活用する」は、日本人が足りない部分を一時的に外国人で対応するという考え方を基本にしています。介護の人手不足は永久に続くわけではありません。むしろ外国人には一時的に介護人材が不足する一定期間だけ来てもらうわけです。

最後の「介護業界の生産性を向上させる」ですが、将来的な介護人材の不足の推計は介護業界の現状に基づいて行われています。つまり、そもそも今の介護業界のルールや仕事ぶりでは2025年度には介護人材が約34万人不足するというような推計ができるのですが、ルールや仕事ぶりを変えていけば、もっと少ない介護人材で済むようになるに違いありません。そのために介護業界の生産性を向上させていくべきだということなのです。

介護現場の成功例を大きな魅力として発信していく

介護人材を確保するための第1の対策は「介護の魅力を発信していく」ことで、これをしっかりとやらないといけません。

一般論としては、給料が高い職業には人が集まりやすいと言えます。ところが、現実には給料が高いからといって必ずしも人が集まるわけではありません。例えば、看護師の仕事は給料が高くても人手不足になっています。裏を返すと、看護師の仕事が人手不足になっているのは給料以外の要因が求人に大きな影響を与えているということです。

ただし、介護の仕事の場合、今のところ介護業界の給料は相対的には安いほうですから、給料を上げたら人手不足が解消すると思われがちだというのはあるかもしれません。

一方、現状では介護はやはり3Kの仕事の代名詞のようになっていますが、前にも述べたように、介護の3Kは「きつい・汚い・危険」ではなく「きつい・汚い・給料が安い」を指すのだと言う人もいます。

介護の3Kがこの「きつい・汚い・給料が安い」であるとしても、給料を上げるとすぐに介護人材が集まってくるかといえば、私は集まってこないと思います。というのは、給料が上がっただけでは介護の仕事が3Kであるという印象を容易には払拭できないからです。給料が上がったとしても一般の人からは本来の「きつい・汚い・危険」の3Kの仕事だと見られるだけでしょう。

看護師の例を出しましたが、看護師も依然として3Kの仕事という印象が強いのです。

それが給料が高くても人手不足になっている大きな要因の一つだと言えます。

同様に介護も３Ｋの仕事の代名詞のようになっていることが求人を難しくしているのです。とすれば介護の場合、もちろん給料を上げていくことを大前提としたうえで、人を集めるにはやはり３Ｋの仕事というだけでない魅力があることを強くアピールしなければならないと思います。

私は経営コンサルという異業種から介護業界に飛び込み、介護の大きな魅力に気付かされました。それは、介護で利用者から感謝されると、まるでその人の人生丸ごとのサポートに対して感謝されたかのような、何ものにも代えがたい喜び、充実感、達成感を得られるということでした。

こうした介護ならではの大きな魅力は一般にはまだほとんど伝わっていませんので、そのことを介護業界としてもこれから積極的に世の中に伝えていかなければなりません。

介護の現場には成功例が数多くあるので、それらをきちんと拾い上げて集積して発信していくということもスピード感をもってやるべきでしょう。

また、専門性が高いという介護のプロフェッショナルな仕事としての魅力もアピールしていく必要があります。

介護の仕事には３Ｋの部分もあるけれども、それを補って余りある魅力をいくつも備えているということです。

ただし、どの業界でも新規に入ったときには最初は誰もがその業界の素人なのですから、介護業界も入ってきた人をしっかりと教育して専門性もどんどん身に付けてもらうような体制も求められます。やはり外から人を呼び込むことと内部で教育したりフォローしたりすることをセットにしなければなりません。


一方、介護業界には介護の魅力を発信していくことに批判的な人もいます。それは、3Kの仕事というのは間違いないのだから、安易に介護業界に来てもすぐ辞めていくだけだし、それでは介護業界を掻き回すだけに終わってしまうという理由からです。

しかし私が主張しているのは、きちんと3Kの仕事であると認めたうえで介護の魅力を伝えるべきだということです。それなら先に納得したうえで介護業界に新しく入ってくるでしょう。

加えて忘れてはならないのは、介護業界の入り口でどう人材を増やすかだけでなく介護業界にずっといてもらうということです。つまり、介護職を辞めさせないようにすることも不可欠なのであって、これはやはり介護の給料を上げていくことと、後述する「介護業界の生産性を上げる」ということとも密接な関係があります。

2 特定技能制度による外国人労働力の活用

人材の一時的な穴埋めになる現実的かつ有効な手段

介護人材を確保するための第2の対策は「外国人を活用する」ことです。これは一時的な穴埋め策であり、我が国の人手不足の期間だけ外国人に来てもらうということでもあります。総務省が2021年1月に発表した統計によれば、我が国の総人口は2020年で1億2581万人、そのうち15～64歳の生産年齢人口は7461万人、65歳以上の人口は3614万人です。また、総人口に占める生産年齢人口の割合は59・3%、同じく高齢化率(全人口に占める65歳以上の割合)は28・7%となっています。

ちなみに生産年齢人口が最も多かったのは1995年です。8716万人と総人口に占める割合が69・4%で7割近くもありました。同年の高齢者人口は1826万人、高齢化率も14・5%に過ぎませんでした。今や高齢化率は倍増し、生産年齢人口は6割を切ってしまいました。

生産年齢人口は1995年以降、毎年約60万人のペースで減少しており、国内の全体的な人手不足も２０１７年後半から急速に進んできました。そこで人手不足対策の一環として外国人労働者の国内での受け入れを拡大するために出入国管理法が改正されたのでした。

今は新型コロナによる経済の停滞で人手不足は緩和していますが（ただし介護業界ではコロナ禍でもそれほど人手不足は緩んでいません）、新型コロナが収束すれば人手不足は再び進み、何も対策を講じなければそれはどんどん深刻になっていくでしょう。

いずれにしても、我が国としてすぐにできるところから人手不足解消に取り組むのであれば、平均年齢が若く、労働者が余っていて生産年齢人口の多い国々から人材を受け入れていくしかありません。

多くの先進国では、労働人口の減少とともに外国人を受け入れていくという方針を選んでいるのですが、我が国にはこんな見方があります。

「生産年齢人口の減少は総人口の減少も伴うので、結局、消費人数も減っていく。つまり、労働者が減れば消費者も減るので、需要と供給の関係から仕事自体も少なくなっていく。だとすれば別に労働者の人口を増やす必要もない」

これはなるほど理屈のうえでは間違っていないでしょう。しかし世の中はそんなシンプルな足し算と引き算の話で成り立っているわけではありません。さまざまな物やサービスでは需要と供給のタイムラグは必ず生じますし、人によってもやりたい仕事とやりたくない仕事があります。

また、生産年齢人口が減っても同じ割合で高齢者人口も減るのなら需要と供給のバランスも取りやすいでしょうが、前述したように、現実には生産年齢が急速に減っているのに高齢者人口は逆にますます増えているのです。

この影響をまともに受けているのが介護に他なりません。高齢者のマーケットだけが拡大していて介護の人手不足は深刻度を増しています。

いずれ我が国でも人手不足が緩んでくる時期がきますから、そのときまで一時的な期間、介護の人手不足を穴埋めするためには外国人労働者の活用が現実的であり、かつ有効な手段なのです。

なお、介護労働安定センターが2020年8月に発表した「令和元年度介護労働実態調査」によると、外国籍労働者を受け入れている介護事業所では受け入れていない事業所に比べて「労働力の確保ができる」「職場に活気が出る（出ると思う）」などのポジティブな評価が多く、「利用者等の意思疎通において不安がある」「コミュニケーションが取りにくい」などの不安感は少ないことがわかりました。また、同じ質問をした労働者からも同様の結果が得られています。

介護現場に外国人が入っても活気が出こそすれ、特に大きな問題は起こっていないようです。

日本で身につけた介護技術や介護システムを自国で活かす

介護業界で外国人労働者を活用することは、我が国では人手不足を補うのが最大の目的ですが、外国人の供給元の国にとっても大きなメリットがあります。

外国人労働者の供給元は主に中国や東南アジア諸国ですが、自国では過剰な労働力となっている人たちが日本に来て介護の現場で5～10年働けば、お金を稼げるだけではなく世界的にも進んでいる日本の介護技術や介護システムを学ぶことができます。

5～10年経って本国に戻ると、中国や東南アジア諸国であっても高齢化を迎えているのです。とすれば、日本で身に付けた介護技術や介護システムの知識を今度は自国で活かすことができます。

日本の介護を支えた後には自国の介護を担えるわけで、私もぜひそうなってほしいと願っています。

だから帰国するのが前提であって、私は移民として受け入れるべきだとは考えていません。

前述したように、あくまでも日本の人手不足が緩むまでの期間限定で来てもらうという考え方です。それは10～20年という中長期的なスパンになるかもしれませんが、一定期間だけの限定には違いなく、国籍が日本に移るようなこともありません。

5年も10年も日本で生活していれば、日本に永住したくなる外国人も一部には出てくるでしょう。しかしその場合、自国に帰らないで日本に永住するというのは本人の選択であって、日本国が判断することではありません。日本での永住を選択しても、本人が定められた永住の要件を努力してクリアしないと永住はできないのです。

しかし移民となると違ってきます。日本国が移民を受け入れるというのは、基本的に日本国籍の授与を前提として外国人の日本での永住を認めることです。

私は２０００年以上も続く日本の文化と伝統を大切にしきちんと維持していきたいと思っています。移民を受け入れると日本の文化と伝統を維持するのは困難になるでしょう。

ただし介護については移民ではない外国人が日本国内で働いている期間は、日本国がその外国人をいろいろな形で支援すべきだと思います。というのは、将来的に日本国にとって大きなプラスとなって返ってくるはずからです。

日本の介護業界で働いた外国人たちもいずれ自国に帰ります。帰国したときに自国が高齢化を迎えていたら、日本で学んだ介護技術や介護システムを活かすことができるわけですが、このタイミングで日本国がアピールすれば、日本の介護業界で働いていたその国の人たちも日本国から支援を受けてきたことでなおさら、自国に日本方式の介護が定着することに協力してくれるでしょう。

ヘルスケアというのは、健康の維持や増進のための行為や健康管理のことを指すのですが、そうやって中国や東南アジア諸国、あるいはアジア諸国に日本方式の介護を普及させていけば、日本国はアジアのヘルスケア産業領域でリーダーシップを取ることができるようになると思います。

深刻な人手不足対策として創設された特定技能制度

外国人労働者の受け入れを拡大する改正出入国管理法が国会で成立したのは２０１８年12月でした。これによって、深刻な人手不足に対応できるとする新在留資格が外国人労働者に設けられることになり、新制度は２０１９年４月にスタートしました。

従来、日本では「高度な専門性を持つ外国人材」に限って就労目的の在留を認めてきたため、非専門的分野への就労すなわち単純労働を認めるという点ではこの法改正は画期的なものなのです。

従来は外国人の留学生と技能実習生が貴重な働き手となってきました。留学も技能実習も本来は日本で労働するための在留資格ではありません。言うまでもなく留学は勉学が目的で、技能実習は途上国の人材にその国の経済発展のために日本の技能・技術・知識を身に付けてもらうことが目的だからです。

とはいえ技能実習生の場合、現実には単純労働の外国人労働者を受け入れるためのものでもありました。技能実習生なら前記の目的から、単純労働の外国人労働者を受け入れているのではないという建前を維持できたのです。技能実習生は家族の帯同は認められず、日本で実習できる期間も最長で5年となっています。

ところが、我が国の生産年齢人口の減少から全体的に人手不足が急速に進んできて、もはや留学生と技能実習生だけではとても人手をまかないきれなくなったため、単純労働を認めるという前提で新在留資格の創設に至ったのです。

新在留資格には2段階あります。

第1段階が一定以上の技能水準と日本語力を持った外国人が取得できる「特定技能1号」で、対象業種は、介護、ビルクリーニング、素材加工、産業機械製造、電気電子情報関連、建設、造船・舶用工、自動車整備、航空、宿泊、農業、漁業、飲食料品製造、外食の14業種。在留期間は通算5年で、やはり家族の帯同は認められません。

第2段階では、さらに高度な試験に合格した熟練者に「特定技能2号」が与えられます。在留資格は1～3年ごとに更新でき、更新時の審査を通過すれば更新回数に制限はありません。家族の帯同も可能で、これは長期の就労や将来の永住にも道を開くものと言えます。まず建設や造船などで導入される予定ですが、他の業種への特定技能2号の導入は特定技能1号の運用状況を踏まえて数年先に判断することになりました。

外国人労働者が介護で戦力になるには半年から1年かかる

政府は、特定技能1号の受け入れ人数は初年度の2019年度に最大4万7550人、5年間の累計で34万5150人となることと、2019年度の特定技能1号のうち約6割は技能実習生からの移行者になることを想定していました。併せて、特定技能1号で埋め合わせられる2019年度の人手不足分は2割程度に留まるとも予想していたのです。

しかし現実には、特定技能1号の増え方は想定よりかなり下回っています。出入国在留管理庁の資料で区切りの時期までの人数を示すと、①2020年3月末現在：総数3987人（介護分野56人）、②2020年12月末現在：総数1万5663人（介護分野939人）です。①は2019年度ということですが、新制度が動き出したばかりのため、最大4万7550

人という想定にははるかに届きません。②は2020年度の9カ月までで前年度よりも約4倍の総数となりました（1万1676人増）。なお介護分野は17倍近く増えています。また、2020年度については新型コロナ対策で入国制限の措置が執られたため、特定技能1号の増加は約4倍程度に留まっています。

介護業界としても特定技能1号への期待は大きかったので、政府の想定を大きく下回る実績となっているのは残念ですが、これにはやはり新型コロナの影響が大きいので、新型コロナが収束した後の実績がどうなるかに注目したいと思います。

さて、今回の新制度が創設されて在留期間が技能実習の5年と特定技能1号の5年を合わせて10年となり利用しやすくなりました。後は日本に外国人をさらに呼び込みやすくするために、技能実習と特定技能の中身についてもう少し柔軟に変えていく余地はあるでしょう。

介護業界では、日本人でも戦力となるまでには非常に優秀な人で3カ月、一般的には半年くらいはかかります。それが新規の外国人だと、さらに日本語や文化風習の問題も加わるため、戦力になるには半年から1年はかかると言われています。

もっとも、最初から日本語が話せる外国人が来たとしても介護では即戦力にはならないのも事実です。一方、最初は日本語がまったく話せない外国人でも1年くらい日本で住んでいれば日常会話はできるようになります。特定技能1号の資格取得で日本語能力の敷居を低くしてもそれほど問題はないのではないでしょうか。

3 介護の「生産性の向上」とは何か

少ない人数と作業量で質の高い介護サービスを提供する

介護人材を確保するための第3の策は、「介護業界の生産性を向上させる」ことです。介護業界ではこれまでなんとなく、奉仕の気持ち、思いやり、ボランティア精神といったものが大事だとされてきました。確かに奉仕の気持ち、思いやり、ボランティア精神はあるものの、非常に非効率な仕事をしている人はたくさんいます。数ある業種のなかでも介護業界は著しく生産性が低いと言われてきました。

そこで、介護業界でも生産性を高めないといけないという問題認識が醸成されてきたのです。それにもかかわらず、生産性向上への取り組みはなかなか進んできませんでした。しかし、今回の新型コロナが契機になって、否応なく生産性を高めていこうという機運が盛り上がってきています。

生産性が向上すれば、少人数でも介護の質を保てる環境が生まれるはずです。人数はいても介護の質が良くないような職場には働き手もなかなか集まらず、定着もしません。その意味で、生産性の向上は介護人材の確保にとって欠かせない課題なのです。

介護での「生産性の向上」とは何かというと、付加価値の高いアウトカム（成果・結果）をできるだけ少ない人数と工数（業務の作業量）で実現することです。

一般的な産業では売上高や利益をいかに少ない人数と工数で稼ぎ出せるか、あるいはどれだけたくさんの製品を低いコストでつくれるかが付加価値の高いアウトカムにつながるのです。介護業界の場合、アウトカムはサービスの質に依存するため、付加価値の高いアウトカムはいかにして少ない人数と工数で質の高い介護サービスを提供できるかにかかっています。

より少ない人数と工数で質の高い介護サービスを提供できればできるほど介護の生産性が向上した、と理解できるわけです。

とはいえ、介護はあくまでも福祉ですから生産性の向上で質を後回しにして効率性だけを追求していくことには馴染みません。介護は人の生命を預かる仕事であり、国民の税金や保険料を使う社会保障です。そのような点で一般の産業とは異なるということも強調しておきたいと思います。

仕事の仕分けと適材な人材配置が生産性の向上に

介護の生産性の向上を考えるときに最重要視すべきなのがやはり現場です。介護の仕事は本当に細分化されているのですが、生産性の向上を考えるときに非常に大切なのは、仕事の中身を仕分けすることです。

これまで介護業界は、誰にでもできるルーチンワークと、非常に専門性の高いプロフェッショナルな仕事を一緒くたにしていることに対する意識が希薄でした。しかし、ルーチンワークとプロフェッショナルな仕事をきちんと仕分けして、それぞれの仕事に適材な人材を配置すれば生産性は向上します。

介護の仕事には、掃除をしたり、食事の準備をしたり、洗濯をしたりといった仕事の他、単純な事務作業などさまざまなルーチンワークがあります。「三大介助」と呼ばれる入浴・排泄・食事の介助など日常生活の支援についても単純な流れ作業の延長で行うならば、これらの仕事は誰にでもできると考えられていて、しかも介護業界ではそういう仕事をしている人のほうが評価が高いような現状があります。

介護にはプロフェッショナルな仕事がたくさんあります。食事の介助でも利用者の歯や口腔機能の状態を把握できなければいけないし、病気や薬の知識も必要です。入浴の介助でも高齢者の自立につながる専門的な介助の手法があります。

また、ルーチンワークとプロフェッショナルな仕事とをきちんと仕分けすれば、介護人材の採用でも柔軟に対応できるようになります。

介護補助でもあるルーチンワークは誰にでもできるため、ヘルパーでなくても、主婦や元気な高齢者、介護の世界に入ったばかりの外国人にもやってもらえます。仕事の仕分けさえできれば、それぞれの人材に応じた仕事を分担してもらえるため、働ける要素を数多くつくり上げられるということにもつながります。

外国人については日本語が話せるかどうかに関係なく、初めて介護の世界に入ったら戦力になるまで半年から1年はかかります。だとすると、介護経験の浅い外国人にはまず誰にでもできるルーチンワークから始めてもらうようにすれば良いでしょう。

さらに介護業界としては、介護補助から始めて、介護の経験を積んでもらうことでプロフェッショナルな仕事へと移行できるようなキャリアアップ・プログラムを用意しておくべきです。これは介護の産業化を図る一環としても重要なポイントでしょう。

4 「科学的介護」の必要性と推進

介護者の負担を小さく、やり甲斐を大きくできる

生産性の向上のためには科学的な介護が必要です。科学的な介護によって生産性を高め、少ない人数でも切り盛りできる体制を実現しなければなりません。介事連も科学的な介護を全力で進めていこうとしています。

科学的な介護が求められるのは、どんなに一生懸命に介護をしても良い介護をしているかどうかの指標が今のところ何もないからです。

介護の質のアウトカム評価を行うには、科学的な介護による指標を持つことが非常に重要なのですが、介護サービスの質についての客観的なエビデンス（証拠）やデータが現時点ではまったくありません。

科学的な介護とは、科学的裏付けに基づく介護のことで、介護サービスの質についての客観的なエビデンスやデータを指標として持つことなのです。介護の質が高いかどうかを数値化しデータ化し、併せてエビデンスも揃えていくということを最優先に行っていかなければ

なりません。

介護は、医療サービスの質の確保のためのエビデンスやデータが整っている医療と比べて遅れています。圧倒的にエビデンスやデータが不足しているなかで、奉仕の精神や思いやりなどで介護の仕事をしている部分がすごく大きいのです。

科学的な介護ができればサービスの質をきちんと数値で定量化できるため、利用者5人に対して1人の介護者の対応で大丈夫なのか、それを6対1や7対1にしても問題ないのかどうかといったこともエビデンスやデータによってわかります。

それと同様に、利用者に効果的な機能訓練を施したり、専門的な高いレベルの介護サービスを提供したりすることも、利用者の状態が改善するという確信の下にできるようになるはずです。この点で科学的な介護は介護保険の理念である「利用者の自立支援」とも深い関係があります。

また、科学的な観点からは、現状の介護サービスに無駄な部分があることもわかるので、そういうものをなくしていくことも可能になります。結果的に介護者の負担が小さくなるとともに、やり甲斐のほうは大きくなるでしょう。科学的な介護は負担の軽減とやり甲斐の向上につながるのです。

反対に、科学的な介護ができないままだと、生産性を高めようとしても効率性優先や金儲けのための生産性という話につながりやすいのです。

一方で、科学的な介護を批判的に見ている人たちもいます。数字よりも理念や思いが大切だという理由からなのですが、実際には、その理念と思いによって良い介護、良いケア、専門性の高いケアが実現しているかどうかは誰にもわからないのです。

科学的な介護は業務分析にも大いに役に立ちます。介護の仕事には、ルーチンワークかプロフェッショナルな仕事かの曖昧な部分もあるのですが、科学的な介護による分析によってその曖昧さもクリアになるでしょう。となれば、外国人の採用基準などももっと緩和できる余地が十分に出てくるのではないでしょうか。

情報を共有することで利用者も介護の良し悪しがわかる

介護サービスにおいても、情報の非対称性が課題としてあります。

情報の非対称性とは、商品やサービスの売買において売り手だけが専門知識と情報を持っていて買い手はそれらを知らない、ということを指します。つまり、商品やサービスについての専門知識や情報が売り手と買い手の間で共有されていないということです。情報の非対称性があると、売り手は一方的に得をし、買い手は一方的に損をするということが起こりがちになります。

例えば、ラーメン屋に行けば、ラーメンづくりの素人でもそこのラーメンがうまいかまずいかはすぐに判断できます。まずければ、そのラーメン屋にはもう二度と行かないでしょう。

ところが、介護サービスでは、介護者と介護の素人である利用者側（利用者と家族）との間には情報の非対称性があるのです。となると利用者側は、その介護サービスが良いのか悪いのかを判断できません。

科学的な介護によって情報の非対称性の解消も期待できます。現在は良い介護サービスかどうかの指標がないため、素人が介護の質をチェックしようとしてもできません。科学的な介護による指標があれば、素人でも少し勉強するだけで介護の質の良し悪しがわかるようになって、情報の非対称性もかなり改善されるのです。

プロから見たら非常にレベルの低い介護サービスを受けていたとしても、利用者側はこれまでの家族の介護に比べると良いサービスだと思うのですごく満足してしまいます。悪質な介護サービスを提供している事業者に対してすら、「良かった、助かった」と喜んでしまうのです。

サービスが悪くても利用者が減らないのなら、サービスの健全な競争原理が働かずに悪質な介護事業者でも存続してしまいます。このような情報の非対称性によって引き起こされる状況をなくすためには科学的な介護の確立が不可欠です。

介護業界が科学的な介護をきちんと示して情報の非対称性をなくし、利用者が良い介護サービスを選択できるようにしなければなりません。

状態を悪化させたほうが儲かるというしくみに課題が

現状の介護保険では、利用者の状態を悪化させたほうがむしろ利益が出る場合があります。それが事業者のインセンティブになり得るのなら大きな問題です。

介護保険の要介護度には1から5まであり、5に近くなるほど利用者の状態は悪いわけですが、現状ではそれぞれの要介護度に点数が割り振られていて、より状態の悪い人に対応したほうが点数が高くなります。

逆に、事業者がしっかりとしたケアをして、要介護度3の利用者を2にすると売上高も利益も減ることになるのです。利用者の状態を良くするのではなく、悪くして要介護度を4や5にしてしまったほうが売上高も利益も上がります。つまり、症状を軽くするのではなく重くするほうにインセンティブが働くという制度になってしまっているのです。

もちろん、そんな劣悪なことを行う事業者はかなり限定的ですし、やはり状態を良くしようと考える事業者のほうが多いのですが、過剰なサービスを行ったほうが事業所の収益が上がるのは事実なので、そのために利用者の自立支援という考え方がしっかりと根付いてこなかった面は否定できないでしょう。

要介護度のインセンティブの面での改革案としては、例えば要介護度を3から2にしたら点数が8割減るものの、8割減った部分については1割だけ加算するような形の補塡制度を設けたらどうか、という提案はあります。この場合でも売上げは実施的には1割減ることにはなりますが。

ただし、加算点数1割を取っている事業所であれば、それをアピールしていくことによって改善率の高い事業所という評価を得ることができるはずです。これは情報の非対称性の解消にも寄与します。また、要介護度を改善すれば財政負担が軽くなることから、財務省も同じ考えなのです。

とはいえ、ここであえて強調しておきたいことがあります。それは、介護によって高齢者の状態を改善することは間違いなくできるのですが、高齢者の状態改善は未来永劫ではありません。

人間は自然の摂理として最後に老いを迎えて死に至ります。医師から「あと半年から1年」と余命を宣告されたような高齢者の場合、要介護度が5だとすると、それを4にすることに残りの半年から1年を使う意味は絶対にないと思うのです。そのような場合には要介護度の改善を最優先することはできません。その高齢者に少しでも身体を動かせるように筋トレをしましょうということではなく、やはり残りの半年から1年をどんな終末期にするかという観点から、その高齢者の人生における幸せの価値観を重視するようなケアを行うべきではないでしょうか。

2021年度の介護報酬改定と科学的介護情報システムの運用

ここまで科学的介護の必要性、情報の非対称性の解消、事業者のインセンティブの改革について述べてきたわけですが、実はこれらの点で大きな前進が見られたのが2021年4月からスタートした令和3年度介護報酬改定でした。

この改定で特筆すべきなのが「自立支援・重度化防止の取組の推進」という項目です。そこでは事業者のインセンティブの改革として、アウトカム加算（つまり高齢者の状態の維持・改善に伴う加算）について「高齢者の身体機能の改善を評価するADL維持等加算の拡充」「褥瘡（じょくそう）マネジメント加算や排泄支援加算を見直し、褥瘡防止やオムツを外すといった結果に対する加算」などが新設されました。

また、改定での目玉と言えるのが科学的介護情報システム「ＬＩＦＥ」の本格運用の開始です。これも「自立支援・重度化防止の取組の推進」の一つで、「質の評価やデータ活用を行いながら、科学的に効果が裏付けられた質の高いサービスの提供を推進する」という目標が示されています。

ＬＩＦＥ運用のポイントは次の三つです。

①エビデンスに基づいた介護の実践
②科学的に妥当性のある指標等の現場からの収集・蓄積および分析
③分析の成果を現場にフィードバックすることでさらなる科学的介護を推進

ＬＩＦＥには高齢者の基本情報に加えて、ＡＤＬ（日常生活動作）、口腔、栄養、認知機能の状態などの情報が定期的にビッグデータとして入力され、その状態変化は全国の介護事業所などから収集されたデータに基づいて比較分析されます。介護事業所は、この比較分析された成果の情報を受け取って（フィードバックされて）、それを日々のケアマネジメントに活用していくことができるようになったのです。このＬＩＦＥに関連してもさまざまな加算が新設されたのでした。

このため、今回の改定は「科学的介護元年」という呼び方をする識者もいるのですが、今後もさらにこの点での加算の拡充が確実に行われていくと思います。

なお、今回の改定には「介護人材の確保・介護現場の革新」という項目もあって、そこでの「見守り機器を導入した場合の夜間における人員配置の緩和」では、特養などで見守り機器やＩＣＴを使用すれば、夜間に配置する職員の数を従来よりも減らしても介護報酬の加算が取れるようになりました。

5 介護業界のIT化・ロボット化の推進

ロボットで対応できる仕事はロボットに任せる時代

介護保険がスタートした2000年当時と比べても、今日の情報化社会の発展ぶりには目を見張るものがあります。インターネットやスマートフォンは一般の人々の日常生活に欠かせなくなっていますし、AI（人工知能）や各種のロボットも社会のさまざまな場面に浸透してきました。

情報関連の言葉も日常的に飛び交うようになってきましたが、よく耳にする用語を簡単に説明しておきましょう。

まず、「IT」(information technology) は、言うまでもなく「情報技術」のことです。これと似た言葉で「ICT」(Information and Communication Technology) とは、「情報通信技術」のことで、通信技術を使って人とインターネット、人と人とがつながる技術のことを指し、メール、チャット、SNSの活用、通信販売の利用、ネット検索などに用いられています。

また、「IoT」(Internet of Things)は、人を使わずモノが自動的にインターネットとつながる技術のことで、目下使用されているものとしては自動運転、スマート家電などが代表的です。

いずれも介護業界の生産性向上のために役立たせることができますが、最初に介護ロボットについてふれておきましょう。

ロボットに任せられる介護の仕事が増えれば増えるほどそれだけ人手不足を補うことができます。次に挙げるのが、先行して開発され実用化されている主要な介護ロボットの例です。

パワーアシストを備えたロボット

パワーアシストとは、人間が物を移動させようとするときに人間のその動きを機械の動力によってサポートすることです。パワーアシストを備えたロボットを人間が装着すれば、重い物でも楽に持ち上げられ動かすことができます。介護者が装着すれば、要介護者を抱え上げてベッドや車椅子、トイレなどに連れて行くことが楽になるのです。介護者の筋肉や腰の負担が軽くなって介護のきつい作業が軽減されます。

同様の機能で介護者が装着せずに使うロボットもあって、この場合は主に介護者が要介護者を抱き上げてベッドから車椅子に移乗させるときに用いられます。

屋外で要介護者の歩行を支援するロボット

手押し車の形状をしており、要介護者が外出するときに自身の足による歩行を支援します。四つ以上の車輪、マニュアルブレーキ搭載、普通自動車の車内やトランクに搭載可能、重量30キロ以下などの規定があります。

屋内で要介護者の移動を支援するロボット

屋内にいる要介護者がベッドやトイレで立ったり座ったりすることやトイレへの歩行などの支援を行います。

要介護者を入浴支援するロボット

浴槽に出入りする要介護者の一連の動作を補助します。要介護者1人だけで、あるいは要介護者と補助する介護者で利用できます。

介護施設での見守り支援のロボット

センサーや通信機能を備えたロボットで介護施設で利用され、24時間、複数の要介護者を同時に見守ることができます。要介護者が自分で助けを求めたときだけでなく、要介護者がベッドから離れたときにもすぐに介護者へ通報されるため、未然に事故を防ぐこともできるのです。

見守り支援では最近、台湾で人型ロボットも開発されています。これは深夜、介護施設のそれぞれの部屋の扉を1時間おきにただひたすら開けて安否確認を行ってくれるのです。要介護者が寝ているかどうか、転倒していたり、その他の急変を起こしたりしていないかどうかなどを確認するのですが、もし異常があったら直ちに介護者に知らせるようになっています。このような作業は今までは人間しかできませんでしたので、導入されれば介護施設の職員の負担もかなり軽減されるでしょう。

ただ、介護現場でのロボット導入はまだまだこれからでしょう。というのも、導入コストをもっと下げなければならないことに加えて、介護の仕事は人間が相手だけにロボットにも人間の動きに対してより繊細な対応が求められるのですが、その点で依然として改善の余地が残っているからです。

ロボットの技術も日進月歩ですから、常に最先端のロボット技術を介護に生かしていくという姿勢が求められます。そうすればロボットもいずれルーチンワークだけでなくもっと複雑な仕事においても介護を支援することができるようになるかもしれません。

「ロボットで対応できる仕事はロボットに任せる」ということが生産性の向上につながるのです。また、ロボットの活用は科学的な介護のためのデータやエビデンスを蓄積することにも役立ちます。

デジタル庁が介護業界のペーパーレス化のきっかけに

新型コロナは、我が国の行政のＩＴ化が大幅に遅れているということも露呈させました。

政府は新型コロナ感染を防ぐために国民に対して活動自粛を呼びかけ、それに併せて給付金や補助金を出すことにしたのですが、国民がオンラインで給付金や補助金を受け取るための申請手続きを行うと、役所の窓口よりもかえって時間と手間がかかってしまうという状況が全国の地方自治体で続出しました。これに対処するために菅政権は行政のＩＴ化を全力で進めようとデジタル庁の創設に踏み切りました。

２０２１年9月からスタートするデジタル庁は非常勤職員を含めて５００人規模の組織となり、全体の2割の職員を民間人から採用します。トップは首相なのですが、これは菅政権が行政のＩＴ化に非常に力を入れていることの表れだと言えるでしょう。

デジタル庁では、地方自治体の住民基本台帳、地方税、年金、健康保険、児童手当など17業務のシステム統一を２０２５年度末までに成し遂げる計画です。このシステム統一が実現すれば各地方自治体で異なっている業務が標準化されるので行政手続きは大幅に効率化されるでしょう。

デジタル庁が発足することになって、さっそく介護業界にも良い影響が及んでいます。その一つが押印廃止の動きです。

以前は「電子サインの契約書でもかまいませんか」と聞いたら、どの地方自治体からも必ず「困ります。認められません。押印のある契約書にしてください」と言われました。「なぜ電子サインが認められないのですか」と尋ねても、やはりどの地方自治体からも明確な答えは返ってきませんでした。

ところが、政府がデジタル庁の構想を発表した後には、ほとんどの地方自治体で電子サインが認められるようになったのです。デジタル庁によって役所の風向きも明らかにＩＴ化の方向へと変わってきました。

介護業界はいまだに紙文化とファックス文化にどっぷりと浸かっているので、現場では毎日書類がどんどん増えていきます。押印をなくすとそれだけ紙文化も減退し介護業界の効率化が一歩前進するということです。

押印をなくし次に書類の電子化が進めば、紙文化もファックス文化も消えていくでしょう。介護業界の工数も相当削減されます。そのためにはＩＴ化の旗振り役であるデジタル庁だけに頼るのではなく、当然、介護業界も仕事のＩＴ化を促進するために全力で取り組んでいかなければなりません。

介護サービスの周辺業務のオンライン化・ICT化へ

コロナ禍では、密を避けるためにオンライン化やICT化をいかに進めるかということも社会全体の大きなテーマになっています。

今では介護業界でも他のさまざまな業界の人たちとネットを通じて会議を行うようになりました。いわゆるウェブ会議ですが、これも新型コロナによって一気に広がりました。新型コロナが収束してもウェブ会議は残っていくでしょう。

ウェブ会議には一長一短がありますが、やはりネットを使うことで現地の会議室まで行く時間が省けるため、圧倒的にスピード感が出てきます。全国の声を拾い上げるために国内各地に足を運んでいたときに最も時間を費やしていたのは、各地の人と会話をすることではなく移動時間だったわけです。移動時間はネットによってなくなりました。

また、ウェブ会議だとスケジュールの調整も楽になるため、これまで直接話すことができなかった人たちともその機会をより多く持つことができます。ウェブ会議は本当に便利です。

介護の生産性向上においてはいかにオンライン化を果たしていくのかも重要で、ウェブ会議もその一つだと言えるでしょう。ただし介護の場合、医療でオンライン診療ができるのと違って、直の介護サービスをオンラインで行うのは無理なのです。

また、コロナ禍は医療では無用な診療あるいは過剰な診療が減ったという面が指摘されているものの、介護ではコロナ禍でも無用なサービス、過剰なサービスという話は出たことがありません。

しかし、直の介護サービスがオンラインでは提供できないとしても、直の介護サービスの前後における各種業務のオンライン化は可能ですし、ＩＣＴ化を図っていくこともできます。

だから、介護業務のなかでオンライン化、ＩＣＴ化できる業務とそうではない業務をしっかりと切り分けて、オンライン化、ＩＣＴ化できる業務については全面的にオンライン化、ＩＣＴ化していくことを実行していかなければなりません。これは介護の生産性を高めるだけでなく、人手不足の緩和にもつながっていくはずです。

オンライン化、ＩＣＴ化は具体的には、例えば高齢者の状態の評価を行うアセスメントで応用できるでしょう。

高齢者に直の介護サービスを行う前には食事、入浴、排泄など個々の生活行動について、これは全部できる、これは一部できる、これはまったくできないといったことを、対象の高齢者について一つずつ把握していくアセスメントを行わなくてはなりません。それを経ないと適切なケアプランがつくれないので、ケアプランをつくった後に直の介護サービスに移るという流れになります。

アセスメントでは、最終的には直接、対象の高齢者に会って確認をしなければならないのですが、その前のヒアリングについては大半をオンラインで行うことができるはずです。さらにケアプランの作成はＩＣＴ化でき、ＡＩの活用も可能です。

その他、直に提供した介護サービスを記録することや、介護報酬を請求するレセプト業務にもオンラインやＩＣＴを活用することができます。

これからの介護業界にも必要なＩＴ人材

紙文化・ファックス文化の介護業界がＩＴ化（オンライン化、ＩＣＴ化など）のスピードを速くすればするほど生産性も向上していきます。しかし現状ではそのスピードは上がっていません。その要因としては介護現場で働いている人たちの意識が挙げられるでしょう。

介護現場には、奉仕の精神をもって真心込めて介護しようという人たちが多いのですが、反面、そういう人たちには介護業界の生産性の向上やＩＴ化などへの関心が薄いというのも否定できません。

私が介護現場で、生産性の向上やＩＴ化の話をすると、そういう人たちを置いていくのか、というような反発も出てきます。私の立場としては、けっして置いていくことなく、むしろきちんと対応できるように取り組んでいくことも含めて介護業界全体の底上げを図っていかなければなりません。

政府がデジタル庁を創設して行政のＩＴ化を強力に推進していこうとしているのですから、これからは我が国の産業界全体でもＩＴ化が急速に進むでしょう。とすればＩＴ化への意識が遅れている人は仕事にも支障が出てくることになります。

介護業界でも、奉仕の精神がいくら強くてもＩＴ化に対応できないと介護の仕事が十分にこなせなくなる恐れがあります。介護業界で働く人も今後はＩＴ化への対応が避けられないのです。

介護事業者についても、ＩＴ化のための社員教育を徹底するところは大幅な工数の削減が実現できて収益もあがる反面、そうした社員教育で乗り遅れるところは経営が苦しくなっていくでしょう。

介護業界全体としてＩＴ化の啓蒙に力を入れていくのは当然なのです。

また、介護業界のＩＴ化がある程度実現できた場合、介護業界としてもＩＴ関連の人材を確保する努力が不可欠です。

このＩＴ関連の人材というのは、まずＩＴを介護の現場で恒常的に使いこなしていくためのメンテナンスを行える人材です。ＩＴで何かトラブルが起こったときにすぐに修正できないと介護の業務が滞ってしまいます。それを避けることのできる人材も確保しておくということです。

さらに、介護事業者のマネジメント層にもＩＴに理解の深い人材が求められます。ＩＴについては現場で個々に対処していくとかえって非効率になります。そうではなく、マネジメントという観点から一つの組織としてＩＴを使いこなすことができなければなりません。この点でマネジメント層にもＩＴ関連の人材、つまりＩＴに詳しい人材を置くべきなのです。

ＩＴリテラシーの高い人材には介護業界にもどんどん入ってきてもらいたいし、そのために介護業界としても積極的に努力すべきだと思います。

6 職能が多様な介護業界の団結は不可欠

質の高い介護事業者が存続できる介護の産業化を目指して

以前は政府、企業、メディアが介護関係者の声を聞こうとしても、どの団体に聞いたら良いかわかりませんでした。介護関係のさまざまな団体に当たらなくてはいけないので、介護業界全体の意見はどういうものなのかについては統一した意見が得られず、結局、介護業界の声が届いてないのと同じような状態になっていました。

介護といっても事業の種類は、老人ホーム、ヘルパーによる自宅への訪問介護、日中だけ利用するデイサービスなど多種多様です。さらに組織形態も社会福祉法人と株式会社では違いますし、株式会社も大手と中小零細ではまったく違います。

となると、それぞれに介護の課題を聞いたとしても、老人ホーム、訪問介護、社会福祉法人、大手企業、中小零細企業などでは関係者の話が異なるし、また異なって当然なのです。それで話を聞く側が、介護業界の課題には無限のバリエーションがあるかのように感じても不思議ではないでしょう。

介護の団体としても、職能ごとの団体や事業者の団体もあるし、事業者の団体でも社会福祉法人、医療法人、株式会社などに分かれ、そこから介護サービスごとに各種の施設、在宅などの団体がそれぞれ存在しています。

我が国のような民主国家の政治家の多くが最優先に掲げるのは社会保障や福祉関連の公約ですから、大半の政治家は介護にも興味を持っています。けれども、介護の団体がわんさかあるため、政治家としてもなかなか我が国の介護の全体像をとらえるのは容易ではありません。

結局、介護の団体については脆弱で声が小さく、まとまった発言力、発信力、行動力、政治力を持っていないというのが最大の課題でした。これは、約200万人いる介護従事者が一枚岩になっていないということでもあります。

そこで設立されたのが「介事連」でした。私は6年ほど前から介護業界で大きなかたまりをつくるための活動に邁進し、2018年6月に介事連ができた後は、介護業界全体の声を世の中に伝えるために介事連の活動に全力で取り組んできました。

介事連はすでに述べたように「介護の産業化」と「生産性の向上」を2大テーマとして掲げています。また、5大政策方針は次の通りです。

第4章 現状の介護業界の課題と可能性

現場視点によるサービス品質向上を目的とした制度改革の推進
科学的介護手法の確立と高齢者自立支援の推進
業務効率の向上を目指し、制度のシンプル化、介護現場のICT化・ロボット活用の推進
介護職の処遇改善・ステータス向上等の人材総合対策の推進
将来を見据え、海外・アジアの介護産業化の推進

介護の生産性の向上については詳しく述べてきましたので、ここでは介護の産業化にふれておきます。

政府でも日本の介護をアジアに広げようというアジア健康構想を掲げているので、介護の産業化もまず、それに介事連が全面的に関わっていくということです。もう一つは、けっしてお金儲けを最優先するというのではなく、健全なサービスの競争原理が働く下で質の高い介護事業者が存続できて革新的な発想に基づくサービスを生み出せる、という意味での介護の産業化を指しています。

介護分野をマーケットという視点から見れば、国内でいちばん成長性の高いマーケットだととらえられるのです。だから、ヘルスケアの領域も含めた国内の一大マーケットへと成長させられるし、また、そうなれば今後の日本経済の発展をけん引していく立場も築けると考えています。

現場に基づいたリーダーシップを発揮する意識が重要

新型コロナによって介護業界も打撃を受けているわけですが、同時に介護業界が抱えている多くの課題を解決していかないと新型コロナも乗り越えられないし、新型コロナ後の介護業界の発展もありません。

つまり、新時代の介護が新型コロナをきっかけにして始まっていくとも思っています。私自身も積極的に新時代の介護を実現していきたいし、介事連もそのために介護業界でリーダーシップを発揮していくべきなのです。

日本のようにどの産業においても現場が強い国は他にないと言えますが、現場の強みを生かせるかどうかは、リーダーシップにかかっていると思います。介護業界もやはり現場が強いのですが、これまでは現場に基づいたリーダーシップを発揮するという意識が希薄だったためにリーダーシップ自体が確立されなかったのでした。だから科学的な介護の追究も後手に回ってきたのです。

現場が強い介護でビジョンを掲げて改革に取り組むリーダーシップが発揮されれば、科学的な介護を定着させることができます。また、現場にある優れたアイデアやノウハウを介護業界全体で共有していく取り組みもどんどん行っていけるはずです。

これまで現場に基づいたリーダーシップを発揮するという意識が希薄だったのは、前述したように介護業界には各種の団体が非常に多く、発言力、発信力、行動力、政治力も分散していて弱かったからだということに尽きます。それで介護業界の声も小さくなって世の中や政治の世界にその声が届かなかったのです。

医療業界であれば、それがすべてとは言わないものの、日本医師会がリーダーシップを発揮して政府とのパイプもつくっていますし、医療業界の主張をメディアに対しても発言しています。

しかし従来は小さかった介護業界の声も、介事連が発足して以来、次第に大きくなってきたのも確かです。介事連では介護業界に対する新型コロナ対策を政府に強く訴えてきました。その結果、2020年度の第2次補正予算でも新型コロナの緊急包括支援交付金として4132億円の予算が付いたのです。こんな大きな予算を確保できたのも介事連の存在感が高まってきた証であると思います。

従来なら新型コロナ対策でも介護業界の各団体が政府に対して個別に要望書を出したに違

いありません。となると政府としても、介護業界の各団体から内容がバラバラでしかも数多くの要望書が来て困惑するとともに、介護業界の主張が整理されていないために政府としてもどこから手を付けていいかわからなくなったでしょう。

今回は介護業界の主張を整理し集約する役目の一翼を介事連が担いました。そのうえで介護業界としての主張を政府に訴えたのでした。政府も介護業界の主張が一本化されて対応しやすくなったはずです。一本化した要望は介護業界としては初めてのことでした。だから、むしろ介事連が介護業界の意見集約に先鞭を付けたという言い方のほうが適切かもしれません。

介事連は新型コロナ対策でかなり初期段階から介護業界の意見集約に動いたのですが、それを通じて政府や厚労省とも密接にしていろいろな連携を行うことができたと自負しています。

なお、医療業界と比べると横の壁が比較的低いというのが介護業界の利点なので、医療業界よりも介護業界のほうが柔軟な対応はできると言えるでしょう。けれども、業界としての体制は医療業界に比べてまだ整ってないし、きちんと運用できるような状態にもなっていません。業界の体制を整えることができれば介事連もさらに大きな力を発揮できると考えています。

介事連としては目下、少なくとも医療業界と同列になれる業界にしていくという活動に特に力を注いでいます。

生活支援である介護は他業界との連携もしやすい

介護は生活支援なので他の多くの業界とも関わりが深いのです。それを介護の産業化という観点からとらえると、介護業界はさまざまなビジネスを通して他の業界との連携が可能だということになります。

ビジネスではないですが、最近の例では新型コロナ対策について飲食業界、美容業界と連携することができました。

新型コロナ対策では新しい生活様式が提唱されていますが、これを定着させようとしたら、業界ごとに感染防止のガイドラインをつくる必要があります。それで飲食業界や美容業界でもそれぞれつくることになりました。

介護業界でも同様の動きになったのですが、同時に介護業界からは、各業界で乱立してガイドラインをつくるだけでなく一つのまとまった業界横断型のガイドラインもつくるべきではないかという話が出てきたのです。なぜなら高齢者もレストランにも美容室にも行きたいのだから、レストランや美容院での新型コロナ対策にも高齢者の視点を入れるのが当然だからです。それで結局、業界の垣根を超えて業界横断型のガイドラインをつくるための話し合いを持つことになったのです。

新型コロナが収束すれば、飲食業界や美容業界とは新型コロナ対策だけではなくビジネス面での連携も出てくるはずです。

その他にＩＴ、スポーツ、娯楽、エンタテインメントなど、一見すると介護とは縁遠い業界とも高齢者の生活を支援していくという観点においてコラボレーションする日が必ず来るでしょう。

他の業界の立場から見ると介護業界はいわば国内唯一と言っても良い拡大マーケットなので、自分たちが手がけている商品やサービスを介護向け、高齢者向けに提供できないかと考えるのはビジネス面で非常に合理的です。

例えば、回転寿司の商売をやっている人も、今後、日本の人口は減っていくのですから、来店客だけを当てにしていたら商売も先細りになります。日本の人口は減っていく反面、介護施設は増えていくのです。とすれば介護施設に行って出張回転寿司のような商売のやり方をすると良いのではないでしょうか。

高齢者とのオンライン会話で吉本興業と業務提携

介護業界が拡大マーケットならば、日本国内の経営者は、介護や高齢者問題に目を向けないわけにはいきません。他の業界も自ずと介護業界に手を伸ばして連携することになります。この意味でも介護には非常に大きな可能性があるのです。

ちなみに調査会社の富士経済が2019年9月に発表した「介護・福祉関連製品・サービス市場の調査」では、介護・福祉関連サービスの市場規模は2025年には2018年と比べて26%増の4兆8064億円になると推計しています。

具体的に伸びると予想されているのは、規模の大きな有料老人ホームおよび高齢者施設への給食サービス、サービス付き高齢者住宅、リハビリテーション特化型デイサービスの他、高齢者の急変予知や認知症高齢者の見守りを目的としたサービス、介護保険外の生活支援サービス（食事宅配）などです。

このように介護マーケットの拡大が期待されるなか、介事連もあらゆる業界とコレボレーションできるという観点から、まずはお笑い芸人が多数所属する芸能プロダクションの吉本興業と業務提携をすることに至りました。

コロナ禍で介護施設でも支援団体の訪問によるレクリエーションなどが開催できなくなったため、2020年10月から実証実験という形で吉本興業の芸人にオンラインで「お笑い」のエンタテインメントを提供してもらうことになったのです。

介事連も以前からオンラインで高齢者と会話するという試みを行ってきたものの、単なる会話だけは無機質なものになってしまうことが多かったのでした。そこには高齢者への良い刺激となる要素が欠けていたのです。

では、良い刺激となる要素とは何かというと、代表的なものはやはり「お笑い」でしょう。実際、吉本興業との業務提携による実証実験で、お笑い芸人とオンラインで会話したとき、高齢者もとてもうれしそうな表情したのです。高齢者も会話を楽しんで有為に時間を過ごすことができたのでした。吉本興行との業務提携は、人生の楽しみである笑い、喜び、幸せ感などをどう高めていくかという取り組みの一環でもあるのですが、今後は笑いによる高齢者の認知症改善効果の検証も一緒に行っていきます。

重ねて言えば、多くの業界が自ら商品やサービスをどう高齢者に提供していくかが日本でのビジネスの重要なポイントなので、介事連としてもさまざまな業界との連携を図っていく方針です。

第5章

持続可能な介護保険制度の確立

1 日本の社会保障制度と国家財政

世界一の高齢化、働き手不足により直面する課題

私は2003年に新潟市のグループホームの責任者となり、介護現場で認知症の高齢者と接しました。ここで認知症の高齢者を抱える家族（息子や娘）から話を聞いて、家族だけで認知症の高齢者を介護するのはものすごく大変だということがわかったのです。

どの家族も最初は親の介護は子どもがしないといけないと思い込んでいて家族だけで何とかしようと奮闘します。ところが結局、にっちもさっちもいかなくなって家庭が崩壊したり、自分の仕事も辞めざるをえないところまで追い込まれたりした後で、ようやく私たちのグループホームに相談に来るというケースが多かったのです。

新潟の狭い地域に1年間いただけでもそのような家族を山ほど見てきました。だから全国規模では、認知症の高齢者の介護で苦しんでいる家族が相当数に上っていたはずです。

2003年当時も今も、親の介護は子どもが行うべきだという考え方は相変わらず根強いわけですが、それに固執し過ぎると親も子も身動きが取れなくなります。むしろ親のことを

考えればこそ、各種の課題を解決するためにプロフェッショナルをうまく活用し、かつ親にとって本当に幸せな老後とは何かを考えるというのが、本来あるべき家族の姿ではないでしょうか。

さて、私も新潟市のグループホームに行くまでは、我が国の人口構造についてそれほど深く考えたことはありませんでした。認知症の高齢者を抱える家族の現状をグループホームで知ってから、あらためて我が国の人口分布を見たところ、これは大変なことになると痛切に感じたのです。

前にも述べましたが、2020年の総人口に占める生産年齢人口の割合は59・3%、高齢化率は28・7%です。高齢化率は介護保険がスタートした2000年の段階では17・4%に過ぎませんでしたが、2005年には20%を超えました。2025年には30%に達すると推計されています。我が国の高齢化のスピードは世界一であり、すでに我が国の人口構造は世界のどの国も経験したことのない領域に入っているのです。

一方、高齢者1人を働き手が何人で支えるかという、高齢者人口を生産年齢人口で支える割合を見てみましょう。

『令和2年版高齢社会白書』よると、1970年には9・8でした。1人の高齢者を約10

人の働き手で支えたのです。それが1980年には7・4、1990年には5・8、2000年には3・9、2010年には2・8となり、2020年は2・0。そして2030年には1・9、2040年には1・5になると推計されています。

1人の高齢者を支える働き手の数がどんどん減っていくということです。今は働き手は2人にまで減っており、高齢者の数がピークとなる2042年には2人の高齢者を3人の働き手で支えるという状態になります。

それでも国家財政に余裕があれば心配は小さいのですが、現状でも歳入の3割以上を占めているのは国債です。国債は借金なので、どんどん増やしていくというわけにはいきません。それに周知の通り、一般論としては働き手の減少は税収減も意味します。高齢者の数が増える一方で税収が減っていくなら、我が国の社会保障制度も維持できないのではないか。そう誰でも想像するはずです。

介護保険についてもこのまま何も手を打たないなら間違いなく崩壊に向かっていくでしょう。今は認知症の高齢者を抱えて苦しんでいる家族をグループホームなどの介護施設で救うことができるのに、介護保険が崩壊したら介護施設の新規建設はおろか、既存の介護施設の維持・存続もできなくなります。

介護保険の崩壊は我が国の社会の崩壊にもつながるということです。介護だけでなく医療や年金も含めて我が国の社会保障制度の先行きには、日本国民の多くが漠然とした不安を持っています。この不安を乗り越えるためにも、持続可能な社会保障制度の確立が不可欠です。

2042年には医療費と介護費がピークに

ここでより詳しく社会保障に関する数字の話をしておきましょう。

我が国の社会保障給付費、つまり社会保障のために使われる費用は2020年度の予算ベースだと126・8兆円でした。内訳は年金が57・7兆円、医療費が40・6兆円、福祉その他が28・5兆円（うち介護費12・3兆円）です。

対して2018年に内閣官房・内閣府・財務省・厚労省が出した「2040年を見据えた社会保障の将来見通し（議論の素材）」の推計によると、2025年度は年金59・9兆円、医療費の仮定①47・8兆円と仮定②47・4兆円（単価の伸び率の仮定を①と②の2通り示している）、介護15・3兆円、子ども・子育て10兆円、その他7・7兆円となっています（予算ベースでは「福祉その他」という項目になっているのが、こちらでは「介護」「子ども・子育て」「その他」に分けられている）。

医療費に2通りの仮定が示されているため、2025年度の社会保障給付費は140・3兆円〜140・7兆円となります。

同じく2040年度の推計では、年金73・2兆円、医療費の仮定①66・7兆円と仮定②68・5兆円、介護25・8兆円、子ども・子育て13・1兆円、その他9・4兆円で、社会保障給付費は188・2兆円〜190兆円です。

以上から、2020年度を基準として年金、医療、介護の給付費の伸び率を見てみると、2025年度は年金が1・04倍（増加額2・2兆円）、医療が①1・18倍（同7・2兆円）と②1・17倍（同6・8兆円）、介護が1・24倍（3兆円）となり、さらに2040年度には年金が1・27倍（増加額15・5兆円）、医療が①1・64倍（同26・1兆円）と②1・69倍（同27・9兆円）、介護が2・1倍（13・5兆円）となります。

推計で2025年度と2040年度が示されているのは、2025年問題と2040年問題があるからです。いずれについてもすでに述べましたが、もう一度簡単に説明すると、2025年は出生数が非常に多い団塊の世代の全員が後期高齢者になる年なので、医療費と介護費が急増します。これが「2025年問題」です。

「2040年問題」のほうは我が国の高齢者人口が最大となるのが2042年だという推定に基づいています。つまり、2042年に我が国の医療費と介護費の金額が最大となるということです。

2025年度と2040年度の推計を見れば、伸び率では年金は2025年度に1・04倍、2040年度でも1・3倍以下なのに対し、医療は2025年度1・17〜1・18倍、2040年度1・64〜1・69倍で、介護は1・24倍と2・1倍となっています。

ここからわかるのは、2025年が我が国の社会保障費のピークではなく、むしろピークへの入り口のようなものだということです。2025年から2042年までの本当の山場まで向かう15年間ほどの道筋においては我が国の社会保障の持続可能性が厳しく問われると言えます。その間、高齢者人口は増え続け、生産年齢人口は減り続けるのです。

ただし年金はお金だけの問題で済みますが、医療と介護はお金だけではどうにもなりません。費用の伸びに伴って患者と要介護者も増えていきます。これは逆に、患者と要介護者が増えていくから費用が伸びていくと言ったほうが正しいでしょうが、いずれにしても医療と介護では医療従事者と介護従事者も増やしていく必要があるのです。生産年齢人口が減っていくわけですから、医療や介護の人材確保もなおさら厳しくなるのは言うまでもありません。

社会保障給付費と保険料との差額を公費で補う

社会保障給付費の財源に目を向けてみましょう。

2020年度の予算ベースでは126・8兆円のうち保険料は73・6兆円、公費は50・4兆円です。保険料は被保険者が38・9兆円、事業主が34・7兆円を負担し、公費は国の一般会計から35・2兆円、地方自治体（都道府県市町村）の一般財源から15・2兆円が出ています。

2020年度の公費負担の割合は40・6％です。ちなみに2000年度は28・2％、2010年度は37・2％でした。

我が国の社会保障は国民の負担の割には手厚いとも言われていますが、保険料の占める割合は6割弱であり、残りの4割強を公費で補っているわけです。そのため2020年度予算では国の社会保障への歳出は一般会計の35％近くにも上っています。

何度も述べてきたように、我が国では生産年齢人口が減ってきており、高齢者人口は増え続けています。だからまず生産年齢人口が減ることによって、社会保障給付費の保険料の総額も減っていくことになるのです。次に高齢者人口は増え続けているので社会保障給付費は増加の一途をたどっていきます。

となると、社会保障給付費と保険料の差額も増えるばかりで、その分を何で補うかというと公費しかありません。つまり、生産年齢人口が減少し高齢者人口が増加していけば公費も増えていくことになるのです。とすれば財政への負担がどんどん重くなって、いずれ財政が持たなくなる日がやって来るでしょう。

たとえ生産年齢人口が一定でも高齢者人口が増え続ければ傾向は同じになります。だから、このような高齢者問題は少子化問題に他ならないとして、「少子化問題さえ解決すれば高齢者問題も解決する」と主張する人もいるのです。

少子化問題の解決とは、生まれる子どもの数を高齢者の数と同等かそれ以上にどんどん増やしていくということを指します。しかしこれは容易ではありません。

厚労省が2020年に発表した「2019年人口動態統計（確定数）」によれば、出生数は86万5239人で、前年（2018年）の91万8400人よりも5万3161人減りました。合計特殊出生率は1・36と前年の1・42より低下しています。

合計特殊出生率とは「調査年次での15～49歳の女性の年齢別出生率を合計したもの」です。端的に言うと1人の女性が一生の間に生む子どもの数になります。2019年の合計特殊出生率1・36とはだいたい、3人の女性から4人の子どもが生まれたということです。これは

3組の夫婦が合計4人の子どもを授かったという言い方もできるでしょう。つまり6人の大人に対して4人の子どもなので、原理的には前の世代から後の世代になって人口が減ったわけです。

人口を減らさないためには1人の女性が一生の間に2人の子どもを産まなくてはなりません（1組の夫婦から2人の子どもができる）。ただし現実には多様なアクシデントによる人口減少があるので、人口を維持できる合計特殊出生率は現在2・08程度です。これを人口置換水準と呼んでいるのですが、数値は若年層の死亡率の変動によって増減します。

現在の人口置換水準からすると、人口を増やすには特殊合計出生率は2・08よりも大きくなる必要があります。

このように特殊合計出生率について細かく説明したのは、特殊合計出生率の意味を誤解している人が多いからです。そのため特殊合計出生率が1よりも大きいと、人口が増えると思い込んでいる人も少なくありません。そういう人は合計特殊出生率1・36でも1よりも大きいので出生数は増えているのだと受け取っているのです。

安倍政権が2015年10月に「夢を紡ぐ子育て支援」の一つとして「希望出生率1・8」という目標を打ち出したときにやはり似たような誤解をした人たちがけっこういたのでした。

少子化問題が解決しても高齢化問題は解決しない

安倍政権の希望出生率1・8という目標の「希望出生率」は耳慣れない言葉でした。これは民間研究機関の日本創成会議が2014年5月に公表した「ストップ少子化・地方元気戦略」で提唱したものです。既婚率や未婚率に理想とする子どもの数を掛け合わせるといった計算式はあるものの、要するに「結婚して子どもを産みたいという人の希望が叶えられた場合の出生率」のことを表しています。

そうだとしても、実質的にはこの希望出生率は合計特殊出生率と変わりません。だから希望出生率1・8は「合計特殊出生率1・8」という目標でも良かったのです。しかしそれだと「産めよ殖やせよ」という戦前のスローガンを想起させたり、妊娠や出産は個人の選択であって国が強制すべきではないなどといった国民の反発を招いたりする恐れがある、ということから、安倍政権は希望出生率という言葉を選んだのでした。

この希望出生率1・8という目標を出した前年（2014年）の合計特殊出生率は1・42でした。1・8という数値は0・4程度のアップならそれほど非現実的なではないし、努力すれば実現できそうだということで選ばれたのでしょう。

とはいえ1・8であっても現在の人口置換水準（2015年の数値もほぼ同じ）よりも小

さい数値ですから少子化は進みます。少子化のスピードを緩和するということに過ぎません。

一方、安倍政権が希望出生率１・８という目標を出したとき、合計特殊出生率について誤解している人は出生数の増え方がアップすると受け取ったはずです。

前述した、「少子化問題さえ解決すれば高齢者問題も解決する」と主張している人は、さすがに合計特殊出生率を誤解してはいないでしょうが、希望出生率１・８が出てきたときには、政権が全力を挙げれば十分に達成できると考えたに違いありません。というのは、「少子化問題さえ解決すれば」と主張している以上、前提には合計特殊出生率を引き上げることへの楽観視があるからです。だから段階的に、まず希望出生率１・８を達成し、次に人口置換水準を超える合計特殊出生率を実現していけば良いと思っています。

合計特殊出生率を引き上げるのは現実には非常に難しいのですが、それはさておき、「少子化問題さえ解決すれば高齢者問題も解決する」という考え方は、我が国の現状に基づくとそもそも間違っているのです。

例えば、２０２２年から合計特殊出生率が３になってそれがずっと続くと仮定してみましょう。その子どもたちの第一陣がやっと生産年齢人口に入るのは15年後で、２０３７年あたりになります。しかし実際には第一陣全体が労働力となるのは20歳くらいです。つまり、第一陣であっても労働力になるのは高齢者人口のピークである２０４２年ごろということになります。

だから我が国の高齢者問題とは、まさに今から２０４２年までの高齢者人口がどんどん増えていく期間をどう凌ぐかということなのに、その期間においては第一陣に頼ることはできないのです。

その意味で、少子化問題が解決したら我が国の高齢化問題も解決するというわけではないことははっきりと認識しておかなければなりません。もちろん少子化問題の対策も非常に重要なのは言うまでもないですが。

介護に焦点を当てると、これもすでに述べたように介護保険ができた背景には、少子高齢化という人口構造だけではなく、核家族化、女性の社会進出、地域コミュニティの衰退といった課題があったからでした。人口構造だけは少子化問題の解決で対応できるかもしれませんが、他の課題は少子化問題の解決とは直接の関係はありません。

介護においてはこの点も強く認識しておく必要があります。

持続可能な社会保障制度で世界一の超高齢社会の実現へ

政府の全世代型社会保障検討会議が取りまとめた「全世代型社会保障改革の方針」が2020年12月に閣議決定されました。全世代型社会保障は「現役世代への給付が少なく、給付は高齢者中心、負担は現役世代中心」というこれまでの社会保障の構造を見直すものです。

改革の内容は少子化対策と医療が中心で、少子化対策は不妊治療の保険適用、保育の受け皿拡大、男性の育児休業の取得促進、医療は75歳以上の自己負担2割の導入（自己負担1割からの引き上げ）、紹介状なしの大病院受診時の負担拡大等となっています。

この改革も持続可能な社会保障制度を確立する対策の一つとして現役世代の負担の軽減を目指したものですが、もちろんそれだけでは不十分なので、今後も新しい対策が打ち出されていくでしょうし、また打ち出していかなければなりません。

私は、我が国において世界に誇れる世界一の超高齢社会の実現を目指しています。それは、福祉のモデルケースとされている北欧諸国に倣ったものではありません。というのは、北欧諸国の福祉は完全に高福祉高負担の制度になっているのですが、日本人の間には高福祉高負担を望むというコンセンサスが形成されていないからです。

現状の我が国の福祉は中福祉中負担の制度であると言えます。私がそれを高福祉高負担に持っていくよりも重要だと思っているのは高齢者が幸せな老後を送れる環境をつくるということです。すなわち、中福祉中負担の制度のなかで無駄を徹底的に省いていく一方で、手厚い社会保障を実現しなければなりません。

ただし、無駄を徹底的に省いていったとして、これからも生産年齢人口が減って高齢者人口が増えてきますから、我が国の社会保障制度を持続させていくためには、やはり消費税増税も否定することはできないでしょう。

理由は二つあります。まず超高齢社会がどんどん進展していく以上、社会保障制度はみんなで広く薄くお金を出し合って支えていかなければならないと思います。この大前提は、消費税を福祉目的税化してそれをきちんと正しく福祉に使っていくということです。

もう一つは財政を安定させるためです。財政が安定していればこそ、介護をはじめとして社会保障の中身を手厚くしていくことができます。

端的に言えば、我が国の社会保障制度を持続可能なものにするためには、社会保障改革を行って無駄な部分を徹底的に省くと同時に、消費税増税によって財政を安定させ社会保障の中身を手厚くしていくということです。

2 介護に対する国民意識の変革が必要

財政破綻を避けるためにも介護保険の公費投入を抑制すべし

ここからは、「どのようにして持続可能な介護保険にしていくのか」ということについて述べたいと思います。

経済産業省が2018年4月に発表した「将来の介護需給に対する高齢者ケアシステムに関する研究会報告書」によれば、要介護（要支援）認定者数は2020年725万人、2025年815万人、2030年900万人、2035年960万人、2040年988万人、2045年977万人になると推計されています。

要介護（要支援）認定者数は介護保険がスタートした2000年以降、年々増加しているのですが、この推計ではその増加ペースは少なくとも2035年ごろまでは緩まず、2035年ごろから2040年ごろにかけてようやく増加ペースが落ちると見込まれているのです。

それによる費用が反映されているのが我が国の介護の給付費に他なりません（年ベースと

年度ベースの違いはあってもほとんど誤差はないはず）。

既述したように介護の給付費は２０２０年度12・3兆円でした。２０２５年度には15・3兆円となり、２０４０年度には25・8兆円となると推計されています。これは介護が12兆円産業から15兆円産業、25兆円産業へと成長していくとも表現できるでしょう。

しかし一般の産業とは違って、介護には国と地方自治体の公費が投入されています。介護の給付費（つまり介護保険の財源）は50％を介護保険料、残りの50％を公費でそれぞれまかなうという仕組みになっているので、1人の要介護（要支援）認定者にかかる費用としての単価が一定であれば、公費は「単価÷2＝人数」という数式で一直線に増加していくわけです。介護の給付費の２０２５年度には15・3兆円、２０４０年度には25・8兆円という推定もそのような前提に基づいていると考えられます。

一方、公費が要介護（要支援）認定者の増加に応じて一定の単価の下に「単価÷2＝人数」で公費が増えていくと財政にどんどん負担がかかっていきます。となると財政破綻を引き起こしかねません。

そこで財務省としては、公費の増え方を抑えるためにどうにか単価を引き下げて介護の給付額の総額を抑えたいわけです。例えば単価を2割下げたなら、介護の給付費も２０２５年度は12・3兆円程度、２０４０年度は20・6兆円程度にまで減ります。

ところが、介護事業者や利用者の大半は、介護保険の対象になっていないサービスを利用者やその家族の自費によるオプションにすることには反対していないものの、財務省の考え方については「今まで介護保険の下で利用していたサービスをある程度削りなさい。もし削ったサービスを利用したいならば、その分は自費にしなさい」という意味にやや誤解していて、なかなかすんなりとは同意できないのです。

しかし、やはり財政破綻は避けなければなりません。したがって、財務省の考え方に対する介護事業者や利用者の誤解をといたうえで、収益が確保できる環境の実現を前提として、給付費抑制についても知恵を絞っていく必要があります。

介護事業者自身にも持続可能な経営体質が求められる

介護の給付費を抑制するにしても、それは合理的なものでなければなりません。当然提供すべき介護サービスを減らしてしまうなら、利用者の心身に対して大きなマイナスとなって社会保障あるいは福祉の観点から本末転倒ということになります。

介護サービスの質を維持しながら、合理的に給付費を抑制していくためには、要介護者の自立支援、生産性の向上、アウトカムに基づく科学的な介護をセットにして同時に力を入れていくことが非常に重要です。

自立支援の推進でも、この判断基準となる介護のアウトカムを科学的にきちんと分析し点数による評価を行うことが欠かせません。点数による評価は介護事業者が自立支援に取り組むインセンティブになります。自立支援というのは介護状態になった方の悪化を防いでいくことなので、それを通して給付費の抑制につなげるということです。

生産性の向上はロボット化、ＩＣＴ化を含めた効率化によって少ないマンパワーで介護の質を下げずに十分なサポートができる環境を実現していくことを指しています。このとき、科学的な介護や分析のためのデータ収集においては必ず電子化、ＩＣＴ化およびそれらの使いこなし方を現場で共有していくことが不可欠です。

では、給付費の抑制が介護事業者にどういう影響を及ぼすかというと、漫然と何もしなければ経営にとって打撃となるでしょう。しかし、要介護者の自立支援、生産性の向上、アウトカムに基づく科学的な介護に積極的に努めていけば事業所の運営コストも下がるため、介護事業者は利益を確保できるはずです。

介護事業者の経営が成り立たなくなったら介護事業のインフラにもヒビが入り、結果的に国民全体にしわ寄せが行ってしまいます。その点からも、給付費の抑制にも対応できる事業所の体質をつくり上げておくべきでしょう。言い換えれば、介護報酬がある程度下がっても介護事業者として存続できるようにしておくということです。

介護事業者にとって最悪の事態は介護保険が崩壊することなので、それを防ぐために持続可能な介護保険を実現し、併せて介護事業者自身も持続可能な経営体質にならなければなりません。

公費が増えると介護保険料も同じだけ増えるしくみ

介護の給付費は介護保険料と公費の折半によって負担されています。要介護者が増えていくにつれて給付費も増加してきたのですが、折半ですから介護保険料も公費もともに増加してきたのです。極論ではあるものの、折半という前提がなければ、介護保険料が据え置かれて公費だけが増えたかもしれないし、逆に公費が据え置かれて介護保険料だけが増えたかもしれません。

ところで、介護保険の費用は給付費だけではなく利用者負担もあります。これは原則1割負担ですが、2018年8月から利用者である高齢者の所得に応じて自己負担額は2〜3割となりました。したがって、介護保険の費用は「給付費（介護保険料＋公費）＋利用者負担」であり、給付費よりも大きいのです。

介護保険料は、第1号被保険者（65歳以上）と第2号被保険者（40歳～64歳の医療保険加入者）が人口比に基づいて負担しています。つまり、今の介護保険では40歳以上の国民が介護保険料を毎月納める形になっているのです。第1号と第2号の保険料の負担割合は2018年度～2020年度は第1号が46％、第2号が54％でした。

介護の給付費の増加に伴って保険料率の引き上げが行われてきて、介護保険料はずっと上がり続けています。第2号は介護保険料の構成が複雑なために割愛しますが、第1号の場合（全国平均の月額）、2000～2002年度に2911円だったのが2018～2020年度には5869円になりました。

ちなみに厚労省の社会保障審議会が2019年に発表した「今後の社会保障改革について――2040年を見据えて」では、第1号の介護保険料は計画ベースで2025年度に約7200円、2040年度には約9200円になると見込まれています。

ともあれ2042年まで要介護者が増えていくので、それにつれて給付費も増加していきます。給付費の負担を公費と介護保険料で折半しているため、公費が増えるにつれて介護保険料も同じ金額だけ増えることになりますから、40歳以上の国民1人当たりが納める介護保険料も上がり続けていくわけです。

公費の増加に対しては消費税増税で対応するにしても、介護保険料の増加についてはどうすれば良いのか。いずれ介護保険を納める年齢を引き下げざるをえないタイミングが来るはずです。現行では40歳以上ですが、それを30歳以上あるいは20歳以上にまで引き下げるということですが、これについては政治にも国民の理解を得る努力が強く求められます。

基本的には、持続可能な介護保険を実現するために国民全員が応分負担する体制を築いていかなければならないでしょう。

民間の知恵や活力を利用して持続可能な介護保険の実現へ

もともと介護保険は医療保険と違って株式会社を含めた民間の力をうまく活用していこうということでスタートしました。それでも私が介護業界に入った2003年頃は、まだ民間のビジネス的な視点での提案を出すと介護関係者からの抵抗がものすごく強かったのです。

介護保険がスタートして20年経った今では介護関係者の意識も変わり、民間のビジネス的な視点に対してもずいぶん寛容になってきました。

にもかかわらず、全体として介護業界は必ずしも民間のビジネス的な視点をうまく活用して事業を運営しているところばかりだとは言えません。それは介護関係者の意識の問題ではなく、介護保険自体にビジネス的な視点を遮る壁があるからです。民間の力を活用するはずだった介護保険に矛盾が内包されているということです。

介護サービスの質をより高めていこうとか、介護事業の運営をより効率化していこうというのが民間の発想なのですが、そういうことで成果を上げても介護報酬は変わりません。介護では人員の基準、設備の基準、運営の基準などいろいろなルールが細かく決められていて、まずはルールを守ることが求められるからです。

例えば人員基準でいうと、デイサービスなら「利用者が15人までは専従の職員を1人以上付ける」ことになっています。さらに「利用者が15人を超える場合は5人ごとに専従の職員を1人加える」というルールがあって、利用者が1人だけ増えても1人の職員を増やさなければならないのです。つまり、利用者が15人なら職員1人で済むのに16人になると2人にせざるを得ません。

これから高齢者が増えて労働人口は減っていくため、より少ない職員でケアできる環境をつくっていくべきです。そうなれば、「利用者が18人までは専従の職員を1人以上付ける」「利用者が18人を超える場合は7人ごとに専従の職員を1人加える」というように人員基準も緩和できるでしょう。

もちろん今は人員を削減して作業を効率化したとしても、その効率化は評価されません。

結局、切り詰めて生産性を上げても介護報酬は変わらないのです。

また、老人ホームの場合、家賃、水道光熱費、食事代などのホテルコストの部分は利用者に負担してもらう形になっています。しかし介護保険ではホテルコストも全部決まっていて、それで利益を上げてはいけないことになっているのです。


もっと詳しく言うと、介護事業者の利益は介護報酬から出るのであり、ホテルコストについてはかかった分を按分して請求することが大前提になっています。そのため、水道光熱費を例にとると、施設でかかった1年分を12分割して毎月請求しなければなりません。現実には水道光熱費は毎月変動するわけですが、まず1年分をざっくり決めてその金額を按分して請求しなさいという考え方なのです。

しかもこの場合、介護事業者が水道光熱費を下げる努力をし、それで下がった分を利益にしたいと考えても、今の制度では、下がった分を利益にすることはできず、利用者の利用料の引き下げに使うことになっています。

利用者はそれで喜ぶかもしれません。けれども介護事業者のほうは収益に反映できないためコストを下げる努力をするだけ損だという感覚に陥ってしまいます。企業努力が阻害されているのです。

しかし介護事業者としては、たとえ介護報酬が下がったとしてもコストを下げることで利益の確保が可能になるなら事業は継続できます。言い換えれば、介護報酬を下げられたとしても、人員基準などが緩和されて職員を少なくすることが認められていれば、使用者は利益が確保できるのです。

持続可能な介護保険は民間の知恵や活力をうまく取り入れていく必要が絶対にあるのですが、以前はせっかく民間の知恵や活力を取り入れても十分に生かされておらず、私も役所に対してなぜ民間の知恵や活力が生かされないのかという疑問をぶつけたこともありました。とはいえ役所としても近年は、介護にとってプラスになることがあれば現在の介護保険のルールのなかで可能な限り民間の知恵や活力を生かしていこうという姿勢になってきていま す。それでも法律を改正しないとできないことがあれば、やはり立法を担う政治に動いてもらわなくてはならないでしょう。

親が介護状態になったときに介護離職を避けるために

持続的な介護保険を実現するには、国民全員が介護に深い関心を持つことが非常に大事です。

現実には介護はありとあらゆる人に関わっています。将来、親や自分に降りかかってくる可能性も非常に大きいのです。ところが、実際に親や自分のことにならない限り、普段は誰もが介護なんて関係ないと思っています。我が国が超高齢社会に入っていることは知っていても、介護に興味を持っている人はほとんどいないのです。

若くて介護とまったく縁のない人には、例えば認知症の人と精神疾患の人との違いがわからない人も多くいたりします。介護施設に対してもまだまだ抵抗感が強いのは否定できません。

そういう人が40代くらいになって自分の親が介護状態に陥ると、慌てうろたえてしまうことがよくあります。このとき、閉じられた特殊な狭い世界だったはずの介護が、実はありふれた現実だったことを否応なく認識させられます。

親が介護状態になって初めて介護を身近に感じるというのは、何かのきっかけがないと介護には興味を持たないことの裏返しですが、普段から誰しも介護は非常に身近なものであるということを理解しておくべきです。

そもそもこれから加速していく超高齢社会は我が国における最大課題の一つなのですから、誰もが介護についての最低限の知識は持っておくべきで、国民全員が介護に関心を向けてほしいと思います。

介護離職についても前に述べましたが、親が介護状態になって介護離職に追い込まれるというのは、やはりそれまで介護についてほとんど理解していなかったことが大きいのです。突然、親が介護状態になって、自分以外に誰も親を介護する人がいないと思い詰めた挙げ句、介護離職を選択するという人が少なくありません。あらかじめ介護や介護保険の知識があったら、介護離職以外にも有効な手段がいくつもあることはわかるわけです。

親が介護状態になる日は突然やって来るかもしれませんが、親が介護状態になる蓋然性が非常に高いのはあらかじめわかっています。前もって介護の知識を頭に入れておくのは当然のことでしょう。30代、40代の働き盛りのときからでも良いし、さらにもっと早く20代のときから介護について知る努力をしておいてほしいのです。

その意味においても、介護保険料を納める年齢を30歳以上あるいは20歳以上に引き下げるのは効果的なのではないでしょうか。

介護への理解が深いのがやはり北欧諸国です。北欧諸国では誰もが介護や福祉は日常生活と密接な関係があると認識しています。高齢者に対しても偏見や差別感はないし、介護で困っている人をサポートするのが当たり前なので、そのための介護の基礎知識を持ち、認知症とボケの異なる点もよくわかっています。

同様に我が国でもこれから、国民全員が超高齢社会のなかで介護の必要性を認識し介護の基礎知識を身に付けることを目指していかないといけません。持続可能な介護保険のためには国民意識の変革が絶対に必要だとも言えます。

また、人生100年時代と言われるなかで、老後の生活が当たり前になってきていますが、老後を迎えて認知症になっても介護状態になっても幸せな人生を過ごすことはできるのです。だから、老後の生活を侘しいなどと考えているのであれば、それを老後も幸せな人生を送れるという発想に転換していってもらいたいとも思います。

つまり、老後をネガティブにとらえないような意識の転換が必要だということです。そのうえで私は、誰もが安心できる老後、誰もが介護を身近に感じる社会をつくっていきたいと考えています。

老後を幸せなものにするという共通認識ができれば、消費税アップも介護保険料納入の年齢引き下げも国民からの理解も得られるはずです。

3 介護問題の隠れた課題

要介護者の多様なニーズに対応できる介護事業者が生き残る

2025年問題には実は数字以外の隠れた課題があります。

今の高齢者は戦後の苦難の時代を生き抜いてきた人たちで、戦争体験のある人たちもいます。つまり、苦しいことを耐え忍ぶ精神を持っているため、介護施設に入ってもわがままを言う人は少ないのです。

ところが、2025年以降には、高度経済成長期後に我が国が経済的に豊かになり、価値観も多様化した時代に育った人たちが介護でも大勢を占めるようになります。団塊の世代の人たちでもありますが、そういう人たちには、苦しいことを耐え忍ぶよりも自己主張をし自分の価値観を大事にするという傾向があるとされています。

それで、介護状態になったらわがまま放題になるのではないかと言われているのです。

2025年問題ではもともと介護人材の不足が懸念されているのですが、加えてわがまま放題の要介護者が大勢増えてくれば介護の現場はどうなるでしょうか。

人手不足と要介護者のわがままで介護現場は大混乱するのではないかと介護関係者は今から一種の恐怖感を抱くようになっているのです。これがまさに2025年問題の数字以外の隠れた課題に他なりません。

だからこそ、介護事業者も今から対策を考えておく必要があります。要介護者のわがままというのは、前向きな言い方をすれば「ニーズが多様化する」ということです。これに対応するには介護現場としても柔軟な発想の下に多様なニーズに合わせたサービス形態をつくり上げていかなければなりません。

これまで介護事業者はどちらかというと、政府がつくり上げた護送船団のルールのなかだけで活動してきました。しかしこれからは介護事業者自身が多様なサービスができるような環境を整えていかないと事業として成り立たせるのが難しくなっていくでしょう。

逆に言えば、それによって介護業界にも創意工夫と革新的な発想が広がっていくと考えられます。要介護者のニーズの多様化を介護の将来にプラスになるものとしてとらえていくべきなのです。

安倍政権では社会保障においても規制緩和路線が進んできました。菅政権になってその流れにはいっそう拍車がかかっています。この面でも介護業界にとっての風向きは従来の護送船団方式からニーズの多様化へと確実に変わってきました。

また、要介護者が世代交代をしているのと同様に福祉行政の舵取りをしている厚労省の官僚の世代も代替わりしています。

介護保険は2000年からスタートしましたが、介護保険の創設と定着に最も尽力したのは2010年くらいまで介護保険に中心的に関わった厚労省の官僚でした。2010年以降の介護保険にはその次の世代の官僚が中心的に関わるようになっています。つまり、すでに定着した介護保険を時代の状況に合わせてより良いものにしていくという方針の下、厚労省の官僚の意識も変わってきて介護でのニーズの多様化にも理解が深まっているということです。

私たちも厚労省と連携して介護保険がより良いものになるように尽力していきたいと思っています。

高齢化が加速している都市部が介護問題の中心地

我が国の総人口は2008年にピーク（1億2708万人）を迎えました。そこから減少に転じており、2040年の1億1092万人を経て、2053年には1億人を割って

9924万人となり、2065年には8808万人になるものと推計されています。

一方、高齢者人口がピークとなるのは2042年です。つまり、総人口はこれから減少し続けますが、高齢者人口は2042年まで増え続けます。これは少子高齢化が先行し、その後に高齢者人口が減っていくということです。

国内の少子高齢化はまず地方の中山間地域で始まり、それが続いて、今や高齢者人口も減ってきています。日本全体の人口増減の傾向を20年ほど先取りしているとも言えるでしょう。こうした地方では限界集落もどんどん増えて行政の機能も衰えつつあります。そのため、もはや医療や介護の施設も増やす必要はないという見方が強くなってきました。

反面、都市部では依然として少子高齢化が続いているばかりか、その進行のスピードも速くなってきています。

厚労省が2013年に発表した「都市部の強みを生かした地域包括ケアシステムの構築」という報告書によれば、75歳以上高齢者の増加数は2010年から2025年までの15年間において6都府県（東京都、神奈川県、大阪府、埼玉県、千葉県、愛知県）で約373・4万人となり、同じ期間の全国の増加数約759・2万人の半分程度を占めます。それを1995年から2010年までの15年間の増加数約253・7万人と比べると増加のスピードが約1・5倍になっているのです。

一昔前なら高齢者問題は地方の問題でした。これから都市部では施設や在宅の介護サービスの需要が急激に増え続けることになります。その意味で都市問題とは介護問題なのです。

我が国では、要介護状態となっても住み慣れた地域で自分らしい暮らしを最後まで続けることができるように介護・医療・住まい・生活支援・予防を一体的に提供するという「地域包括ケアシステム」の構築を目指してきました。介護保険の創設もその一環なのです。

それを踏まえて前記の報告書では「集住、多様な人材、整備された生活インフラ、活発な企業活動等といった都市部の強みを最大限に活かした地域包括ケアシステムを追求すべきである」と提案しています。

都市部は生活インフラが整っている点は地方よりも有利です。その代わり地価が高いため介護施設の建設コストも高くなりますが、高層化によって建設コストを抑えるとともに入居者数を増やすことが可能かもしれません。

介護人材の確保については簡単ではないですが、地方で要介護者が減って介護施設に空きが増えてくると、そこの介護の職員、特に若い人なら都市部に呼び寄せることはできるのではないかと思います。

保険外サービスを付加した「混合介護」の利点

医療に混合診療があるように介護にも混合介護があります。

混合介護とは、介護保険のサービスと保険外のサービスとを組み合わせて提供することです。以前は混合介護のルールがはっきりしていなかったのですが、2018年9月に厚労省が都道府県の介護保険担当課に「介護保険サービスと保険外サービスを組み合わせて提供する場合の取扱いについて」という通達を出したことによって初めて混合介護のルールが示されたのでした。

その要点は、介護保険のサービスと保険外のサービスとを同時かつ一体的に提供することはできない、ということです。

例えば、訪問介護に出向いた介護会社の職員が利用者本人のために食事を用意するのは介護保険のサービスなのですが、一緒に同居家族のための食事もつくることは保険外のサービスとして認められません。

対して、介護保険の対象となるサービスを行った前後あるいは合間に同居家族の部屋の掃除をしたり同居家族のための買い物をしたりすることは、保険外のサービスとして認められます。

介護事業者は保険外のサービスが認められたものについては、別途、利用者に料金を請求できるわけです。

介護保険のサービスと完全に区分けをしたうえで利用者が自費で付加のサービスを享受することには何の問題もありません。

ただし混合介護については、前にも述べたように、今まで介護保険の下で利用していたサービスをある程度削ったうえで、その削ったサービスを利用したいときにはその分は自費にすべき、といった財政改革とセットにする議論には介護事業者や利用者も抵抗感を持っています。

それはさておき、経済的に裕福な利用者が保険外サービスを受けること自体は当然のことだと思います。もちろん本人は満足しますし、介護事業者にとっても収益向上につながるからです。

もっとも、保険外のサービスにはまだ規制が残っている面もあるので、基本的には可能な限り規制を緩めて利用者および介護事業者のプラスになるようにしていくべきでしょう。

第6章

我が国の介護サービスの将来

1 国内有数の成長市場を支える人とモノ

介護を産業として成り立たせるために必要なビジネスマインド

産業として見ると、我が国の介護業界の魅力はやはりマーケットとしての成長性の高さです。

まず総人口は2025年1億2254万人、2030年に1億1912万人、2040年に1億1092万人、2050年に1億192万人、2060年に9284万人と減り続けます。

高齢者人口は2025年に3677万人、2030年に3716万人となり、第2次ベビーブーム世代が高齢者になった後の2042年に3935万人というピークを迎えます。

高齢化率は2025年に30%、2030年に31・2%、2040年には35・3%となり、高齢者数がピークとなる2042年を過ぎても上昇は止まらず、2050年に37・7%、2060年に38・1%にまで達します。

このように総人口が減っていっても介護業界のマーケットはどんどん広がり続けるわけで

す。しかし他のほとんどの産業は総人口が減っていくにつれてマーケットも縮小していきます。

マーケットが広がればその産業に必要となる人材も増え、マーケットが縮小すれば減るわけなので、他のほとんどの産業では雇用が減っていくのですが、介護業界ではずっと雇用を増やしていかなければなりません。

経営上、雇用を減らすのにもそれなりの苦労は伴うものの、さまざまなやり方で雇用調整をかけていけば比較的楽にできるでしょう。ところが、介護業界は雇用調整とはまったく無縁です。増えていく需要をこなすためには何よりも人をどんどん増やしていく必要があります。介護業界では今も求人に非常に苦労しているのですから、さらに求人での苦労の度合いは大きくなっていくばかりです。

介護業界に人を集めていくには、すでに述べたように産業としての成長性とともに介護の魅力を強く訴えていくことが非常に大事だと思います。

私自身、介護の世界に入ってから介護の魅力とやり甲斐に気付きました。それで社会問題についての認識も深めることもできたのです。

残念ながら、今のところは介護には3Kの仕事というイメージが強いため、本当は介護に向いているかもしれない人でも介護に対して食わず嫌いになっている可能性は否定できません。だから、できるだけ多くの若い人たちに介護の仕事にふれる機会を提供していきたいし、私たちもそのために創意工夫していきます。

また、介護事業というのは福祉であり社会保障なのですから、社会問題を解決していくものでもあります。逆に言うと、福祉や社会保障の考え方をしっかりと反映させるのが介護事業なのです。

反面、介護業界は大きな産業に育ってきた割には、これまで産業としての経営的な視点が希薄でした。介護保険を持続可能にしていくために、あるいは介護を事業として成り立たせていくためには、やはり経営的な視点が不可欠です。この経営的な視点、もっと言うとビジネス的なマインドを介護業界にもきちんと定着させていかなければなりません。

利用者の価値観の変化に応じた多様なサービスを提供する

介護施設の利用者に「どこで最期を迎えたいですか?」とアンケートを取ると、ほとんどの利用者は「自宅」と答えます。それでも実際には利用者の多くは病院で亡くなっています。

近年は介護施設で亡くなる人も増えてきていますが、その人たちも大半は自宅での最期を望んでいたはずです。

最期を迎える場所はどこが良いかというのにはそれまで生きてきた人生で培われた価値観が反映します。今の高齢者は自宅での最期を望むという価値観の人が多いということでしょう。

ただ、世代によって価値観が変わっていくとすれば、もう少し時間が経つと、必ずしも自宅ではなく介護施設でもかまわないという人も増えてくるはずです。

現実として介護施設で亡くなる利用者が増えてきているのですから、介護施設で利用者を看取る環境を整えている介護事業者もいるわけですが、全体としてはまだそういう介護事業者は多くはありません。

つまり、利用者の価値観の変化に介護事業者もきちんと対応すべきだということです。利用者に入居してもらうだけでなく、利用者が快適に過ごせるような介護施設の居住環境を用意しなければなりません。それでこそ、利用者に対して幸せな老後の人生を送れる前提条件を提供できるのです。

また、例えば団塊ジュニア世代が高齢者になったときには、現在の高齢者とは生活の発想やスタイルが異なるので、それも介護に大きな影響を及ぼすでしょう。団塊ジュニア世代は現在40代後半ですが、タワーマンションに住んでいる人たちもけっこういます。

そういう人たちなら高齢者になってもタワーマンションの老人ホームに住みたいと思うかもしれません。そうなると行政側の協力が大前提ですが、タワーマンションの老人ホームを建てる事業者が現れる可能性もあります。

こうした多様なサービスの提供は、けっして富裕層向けだけではありません。経済的に制約のある人たちに対しても多様なサービスの提供が強く求められるのです。介護業界で多様なニーズへの対応を議論するときには、大多数の人たちを置いてけぼりにしないというのが議論の大前提になります。

ヘルスケア・ベンチャーが躍進する介護マーケット

介護業界のマーケットは拡大していきますから、このマーケットを対象にしたヘルスケア・ビジネスもこれから非常に有望です。

経営学では、血で血を洗うような競争の激しいマーケットを「レッド・オーシャン」（赤い海）、競争のない未開拓のマーケットを「ブルー・オーシャン」（青い海）とそれぞれ呼んでいますが、我が国の介護のマーケットはまだブルー・オーシャンですし、いわゆるヘルスケア・ベンチャーの企業が活躍できる土壌もあります。

情報化時代ということもあって、近年とりわけＡＩやロボット、ＩＣＴに関連したヘルスケア・ベンチャーに有望な企業がいくつも出てきました。経営者には介護事業だけでなく介護の周辺産業の事業を行ってきた人たちもいます。

ヘルスケア・ベンチャーでは株式を上場する企業も次第に増えてきているのですが、そのうちの3社を紹介しておきましょう。

株式会社エス・エム・エスは、介護業界と医療業界向けの人材紹介サービスの最大手です。２００8年3月に東証（東京証券取引所）マザーズに上場し、２０１１年12月には東証1部へと市場変更をしました。高齢社会を介護、医療、キャリア、ヘルスケア、シニアライフ、海外という六つの面からとらえており、２００3年の創業以来、人材紹介や情報提供などで40を超えるサービスの開発・運営を手がけています。

株式会社インターネットインフィニティーは、２０１7年3月に東証マザーズに上場を果たしました。介護ではなく通信事業をイメージするような社名ですが、ケアマネージャーのポータルサイトである「ケアマネジメント・オンライン」を運営し、介護に関連する最新情報や業務マニュアルの提供といった業務支援を行っている他、介護事業の居宅介護支援サービス、訪問介護サービス、デイサービスにも携わっています。

株式会社ウェルモは、ケアマネージャーによる最適なケアプランの作成を支援するＡＩシステムを提供しています。厚労省「平成27年度介護報酬改定の効果検証及び調査研究に係る調査」によれば、ケアマネージャーはその約４割が自分の能力や資質に不安を持ちながら働いており、毎日非常に忙しいなかで介護に関する新しい知識や情報も学習しなければなりません。そうした現場の不安や苦労の解消に役立ててもらおうと、このＡＩシステムの開発に至ったそうです。

ＡＩシステムの普及にはこれから力を入れていくことになりますが、多くのユーザーを獲得できれば、ウェルモも株式上場を果たすことになるでしょう。

以上の3社はあくまでも無作為に名前を挙げただけであって、介護業界のマーケットでは他にもたくさんの優れたヘルスケア・ベンチャーが活動しています。また新しいヘルスケア・ベンチャーも今後、介護業界のマーケットにどんどん参入してくるはずです。ヘルスケア・ベンチャーにとってはやはり介護業界のマーケットの高い成長性が大きな魅力となっているのです。

現場で本当に使える介護ロボットの可能性

介護の仕事には3Kのイメージが強いのですが、生産性の向上に加えて3Kのイメージを和らげることも期待されているのが介護ロボットです。ここでは、介護ロボットの開発・提供で先行しているサイバーダイン株式会社にふれながら介護ロボットについて考えてみましょう。

同社は、筑波大学システム情報系・サイバニクス研究センター研究統括の山海嘉之教授により2004年6月に大学発ベンチャーとして設立されました。山海教授がこの会社を設立したのは、当時、リスクを取ってロボットスーツを事業化してくれるような企業がなかなか現れなかったからでもあります。

そこで自ら1000万円を出資して設立したのでした。2014年3月には株式市場のマザーズに上場し、上場前には60億円だった株式の時価総額は上場後には3000億円を超えるほどにもなりました。それだけロボットスーツへの期待が大きかったということです。

ロボットスーツも介護の仕事に用いれば介護ロボットになります。呼称にスーツが付くのはこれを人間が身に着けるようになっているからです。同社のロボットスーツは「HAL」という名称で、下肢タイプ（腰と両足に装着）や腰補助タイプ（腰に装着）が実用化されています。

人間が手足を動かそうとするとその意思は脳から筋肉への微弱な電流によって伝えられるのですが、この電流は人間の皮膚表面にも出てくるので、人間がＨＡＬを装着すれば、そのコンピューターが皮膚表面の微弱な電流をとらえてモーターを駆動させ、人間の手足の動きを補助することができるのです。

ロボットスーツを装着すれば、重い荷物でも簡単に持ち上げることができます。そのため介護はもちろん、医療、物流業、サービス業などの現場でロボットスーツを使えば人間の肉体的な作業が軽減されるわけです。

介護労働安定センターの「令和元年度介護労働実態調査」に回答した介護職員の男女比は性別不明を除き男性22・7％、女性70・1％でした。女性は男性よりも非力ですから、介護現場にロボットスーツを導入すれば力仕事をかなり緩和することができます。まさにこの点で3Ｋのイメージを和らげられるのではないかということです。

また、ロボットスーツを用いると動きが不自由になっている手足でも動かすことができます。手足が動かなくなってもリハビリで回復が図れる場合があるとき、何のサポートもないリハビリだと強い意志が必要なために挫折してしまう人も少なくありません。そこで力を発揮するのがロボットスーツというわけです。

例えば、下半身を動かしにくくなっている要介護者がHALを装着すると両足を楽に動かせるため、要介護者は強い意志がなくてもリハビリが続けられます。こうしてリハビリを続けていけば、そのうちHALを装着しなくても足が動かせるようになる可能性があるのです。それで寝たきりでなくなって自活もできるようになったら、介護保険への国の財政負担も軽減されることになります。

ただし、サイバーダインのHALも含めて、残念ながら介護現場でお金払ってまで必要だというものにはまだなってないのが現状です。導入コストがもっと下がってほしいのですが、介護の仕事は人間が相手だけに、ロボットには人間の動きへのさらに繊細な対応も求められます。

技術は日進月歩なので、介護の現場でも本当に使えるロボットが出現する日も必ずやって来るでしょう。その日がより早く来るためには、介護業界も行政などと連携して技術革新を支援する制度的な後押しも行っていかなければなりません。

2 世界をけん引する日本式介護

世界トップクラスの日本式介護サービス

我が国には、海外に介護サービスを展開していくグローバルな視点があります。というのは、我が国の介護業界には世界に誇る強みがあるからです。

その強みとは、介護サービスのレベルが世界のトップクラスだということです。日本の高齢化率および高齢化のスピードが世界一であるため、否応なしに介護サービスが必要とされ、結果として世界的に介護事業の整備が圧倒的に進みました。言い換えれば、介護の需要の大きさに応じて介護サービスが提供されていくにつれ、介護サービスのさまざまなノウハウも蓄積されることになったのです。

加えて、日本人特有の勤勉さ、おもてなしの精神、奉仕の精神といったものが介護サービスと非常にマッチしました。これがなければ、介護サービスのノウハウといっても一種の業務マニュアルのようなものになっていたかもしれません。しかし日本人はサービスの動きがきめ細やかであるだけでなく、高齢者に対して敬う気持ちも強いのです。介護サービスが世界的に高いレベルにあるということは、言うまでもなく介護サービスを受ける側の満足度が高いということに他なりません。

もう一つの強みが介護保険です。主にドイツの制度をモデルに2000年からスタートして今や世界的に優れた制度となりました。

介護保険はオランダ、イスラエル、オーストラリア、ルクセンブルク、ドイツに次いで我が国は世界で6番目に導入し、次いで2007年に7番目となったのが韓国でした。また、これらの国のうち医療保険と切り離して介護保険単独の社会保険方式を採用しているのはドイツ、日本、韓国だけです。

以上のように公的な介護保険を導入しているのは世界でも限られているのですが、我が国の場合、介護保険に民間の知恵や活力を取り入れるようにしたのも大きな特徴となっています。従来の社会福祉法人だけでなく株式会社をはじめ多様な民間の事業者が介護サービスを提供できるのです。それで、革新的な発想を持ってより良い介護サービスを提供していくという土壌ができたのです。

これから我が国を追って、近隣の中国や東南アジア諸国も高齢社会を迎えて介護サービスへのニーズもどんどん高まっていきます。我が国のレベルの高い介護サービス、すなわち日本式介護を受け入れ、あるいは求めるマーケットが広がっていくのです。

実際、新型コロナが出現する前は、中国や東南アジアの福祉関係者がひっきりなしに我が国の介護サービスを見学に来ていました。

今後、我が国の介護業界にとっても海外のマーケットでのビジネスチャンスが増えていくと思われますが、世界トップレベルの日本式介護サービスを提供するのですから、それには国際貢献的な意味合いも大きいと思います。

中国や東南アジア諸国からは自国の経済発展のために日本の技能・技術・知識を身に付けることを目的に来日した技能実習生のなかで日本式介護を学んで帰国する人たちも増えてきています。新しく始まった特定技能の資格者もいずれ同様の立場になるはずです。

だとすれば、そういう人たちと連携することによって各国で日本式介護を定着させることが容易になります。将来的には日本式介護が定着した中国や東南アジア諸国で日本人が老後を迎えることもできるでしょう。

「ヘルスケア・アジア経済圏」で日本が主導権を握る

政府は健康と医療での国際展開促進を図るため、2016年7月にアジア健康構想を打ち出しました。

背景には、アジア諸国でも高齢化が進んできているのに高齢社会に対応する社会制度や産業がほとんど存在しないという状況がありました。対して日本は高齢化に関わる社会制度や産業で先行しているものの、日本国内でも人材不足と保険財政の制約から介護事業者の収益向上が難しくなってきたのでした。

そこで政府はアジア健康構想を通じて、日本で介護を学ぶアジアの人材を増やすとともに、日本の介護事業者のアジア展開および相手国の介護事業を支援することによって、日本で学んだ人材が自国に戻ったときに職場を創出し、アジア全体での人材育成と産業振興の好循環の形成を目指すことにしたのです。

端的に言うと、これもアジア諸国（中国や東南アジア諸国を含む）で日本式介護を定着させるということに他なりません。

ただし政府は、アジア健康構想では日本の介護事業者等のマーケットをアジアに拡大して日本の高齢者関係産業の収益力を高めることも狙っています。そのために特に日本の自立支援介護サービスの普及に力を入れるという目標も掲げました。

私もこのアジア健康構想を支持していますが、個人的には、我が国のリーダーシップによって「ヘルスケア・アジア経済圏」というものを形成できればと考えています。

というのは、目下、アジアの経済圏を取り仕切ろうとしているのは中国であり、中国は明確に一帯一路という広域経済圏構想を推進しているからです。しかも一帯一路圏内でのデジタル人民元の流通も狙っています。つまり、一帯一路では広域経済圏の確保とデジタル人民元の基軸通貨化という両建ての戦略によって、中国の国際的な影響力と発言力を強化しようとしているのです。

一帯一路の構想は、陸上のシルクロード経済ベルトと21世紀海上シルクロードから成り立っていて、2017年10月に正式に中国の国家ビジョンとなりました。まず陸上のシルクロード経済ベルトは中国沿海、中原、西北を抜け中央アジア、ロシアを経て最西端はヨーロッパ西海岸までつながる鉄道・道路による経済開発構想。21世紀海上シルクロードは中国沿岸部から南シナ海、インド洋を抜けてアラビア半島東部を結び、地中海をもうかがう海上貿易構想です。

こうした中国の構想に我が国が対抗しようとするなら、同じ土俵に乗るのではなく、まず自らの得意な分野においてアジアでの影響力を拡大していくことが非常に重要になると思います。

中国も含めたアジア諸国はこれから必ず高齢大国になっていくので、アジア諸国の間では一種のヘルスケア経済圏というものがつくられていくでしょう。しかし問題は中身で、質の低いヘルスケアが各地域に乱立するという事態は非効率となるのでアジア諸国としても避けたいはずです。

そこに世界トップクラスの質を誇る日本式介護を筆頭に日本のヘルスケア産業を持ち込んでいけば、日本がアジアのヘルスケア分野で日本がリーダーシップを発揮していけるに違いありません。それがヘルスケア・アジア経済圏なのですが、アジア健康構想との最も大きな違いは、ヘルスケアを通じた経済圏の形成ということを明確に意識しているということです。

ヘルスケア・アジア経済圏を中心となってけん引していけば、我が国は必ずヘルスケアの面で中国を上回ることができて、経済面でも大きな存在感を示していくことができるでしょう。

介護を通じて明るい超高齢社会を築いていく

私は介護の世界に飛び込んで以来、急激なスピードで進む我が国の少子高齢化を前にして、働き手が高齢者を支えていけなくなる日もそう遠くはないのではないかと、未来に対して強烈な危機感を持ちました。と同時に介護業界に携わる者としての社会的使命をより強く意識するようになったのです。

我が国の介護問題や高齢化問題の将来を考えていくとき、現状の暗い面ばかりを見ていると、やはりどうしても暗いイメージしか湧いてきません。

けれども注意深く見ると、我が国の介護問題や高齢化問題のなかに明るい要素もたくさんあることがわかります。

個人の生活では、たとえ介護状態になったとしても人生は続いていくし、それがお先真っ暗ということではけっしてありません。

介護状態になったとしても豊かな老後、明るい人生、楽しい人生をつくっていくことは必ずできるのです。本人だけではなく周囲の人々もそのように意識を転換することで、老後の過ごし方は大きく変わります。

私も介護業界に身を置く者として、意識の転換へのお手伝いをしていくとともに、その土台となる介護システムをより良くしていくように力を尽くしていくつもりです。

一方、介護事業者もさまざまな問題にさらされています。だからこそ、介護業界が我が国においてはほとんど唯一の成長マーケットであることをあらためて認識しなければなりません。

成長マーケットであればこそ、介護事業者や職員など介護業界関係者全員にとってもいろいろな意味で成長できる環境がこれから整っていく、というプラスの視点を持つことができるはずです。

国民のみなさんに、介護を通じて明るい超高齢社会が築けるという確信が持てるようになってほしいと思っています。そのために私も全身全霊を傾けて持続可能な福祉社会の確立に努力していく覚悟です。

斉藤正行（さいとう・まさゆき）

1978年に奈良県生駒市で生まれる。2000年3月に立命館大学卒業後、コンサルティング会社に入社し飲食業のコンサルティング、事業再生等を手がける。その後、介護業界に転身し、老人ホーム会社の取締役運営事業本部長、デイサービス会社の取締役副社長を経て、2013年8月に株式会社日本介護ベンチャーコンサルティンググループを設立。2018年6月に法人種別・サービス種別の垣根を超えた介護事業者の横断的組織である一般社団法人全国介護事業者連盟の設立に参画、2020年6月に理事長に就任。その他介護団体・法人の要職等を兼任し、介護業界の発展に心血を注いでいる。

世界に誇れる日本の介護

2021年 7月 2日 初版発行
2021年 8月 4日 3刷発行

著者 斉藤正行
発行者 和田智明
発行所 株式会社ぱる出版
〒160-0011 東京都新宿区若葉1-9-16
03(3353)2835—代表 03(3353)2826—FAX
03(3353)3679—編集
振替 東京00100-3-131586
印刷・製本 中央精版印刷株式会社

©2021 Masayuki SAITOU Printed in Japan
落丁・乱丁本はお取り替えいたします。

ISBN978-4-8272-1292-1 C0034